★全国幼儿教师培训用书

梦山书系

幼儿园园本课程
实施方案精选20例

王 哼◎主编

海峡出版发行集团 | 福建教育出版社

图书在版编目（CIP）数据

幼儿园园本课程实施方案精选20例/王哼主编．—福州：福建教育出版社，2024.6
ISBN 978-7-5334-9956-3

Ⅰ．①幼…　Ⅱ．①王…　Ⅲ．①幼儿园－课程－教学研究　Ⅳ．①G612

中国国家版本馆CIP数据核字（2024）第090364号

You'eryuan Yuanben Kecheng Shishi Fangan Jingxuan 20 Li
幼儿园园本课程实施方案精选20例
王哼　主编

出版发行　福建教育出版社
　　　　　（福州市梦山路27号　邮编：350025　网址：www.fep.com.cn
　　　　　编辑部电话：010-62027445
　　　　　发行部电话：010-62024258　0591-87115073）
出 版 人　江金辉
印　　刷　福建新华联合印务集团有限公司
　　　　　（福州市晋安区后屿路6号　邮编：350014）
开　　本　710毫米×1000毫米　1/16
印　　张　12
字　　数　161千字
插　　页　2
版　　次　2024年6月第1版　2024年6月第1次印刷
书　　号　ISBN 978-7-5334-9956-3
定　　价　38.00元

如发现本书印装质量问题，请向本社出版科（电话：0591-83726019）调换。

目 录

"润恬"园本课程实施方案 / 001

"和乐"园本课程实施方案 / 010

"和美"园本课程实施方案 / 018

"和韵"园本课程实施方案 / 030

"悦美"园本课程实施方案 / 038

"甬味"园本课程实施方案 / 045

"场馆"园本课程实施方案 / 054

"向阳花"园本课程实施方案 / 064

"打击乐"园本课程实施方案 / 077

"海洋文化"园本课程实施方案 / 085

"文学启蒙"园本课程实施方案 / 090

"文化润德"园本课程实施方案 / 099

"动·态健康"园本课程实施方案 / 110

"树下体育"园本课程实施方案 / 123

"和风·自然行"园本课程实施方案 / 134

"趣浸童年"园本课程实施方案 / 144

"悦读阅享"园本课程实施方案 / 156

"生活教育"园本课程实施方案 / 164

"生活激能"园本课程实施方案 / 173

"完整儿童"园本课程实施方案 / 182

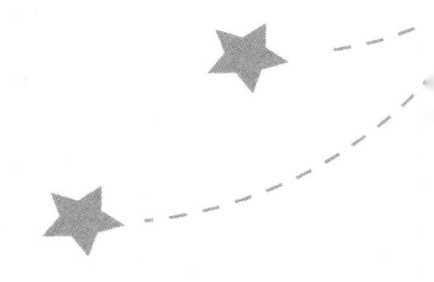

"润恬"园本课程实施方案

【课程背景】

课程可以承载幼儿的发展。当我们希望培育有灵性、知良善、有智慧、能创新的幼儿时,最好的方式就是通过课程来滋养幼儿。这份滋养不仅要契合幼儿的天性、符合教育的规律,更要切合未来时代对优秀人才的需求。

我园一直以来都以"润泽涌泉,感恩之城"的地方文化引领区域发展。基于园所位置、地域文化、园所品质发展所需,我们深度挖掘(泉)"水"与教育的共通之处,对标"润物无声,教育无痕"的育人境界,提出了"润恬"文化理念。这一理念既反映着园所的教育思想和教育理念,同时也引领着课程构建的方向。基于此,围绕新时代立德树人、五育并举的教育方针,秉承我园"润恬"教育文化内涵,构建了"润恬"园本课程,希望通过基础性课程与特色性课程的统整与补充,以此达成"润恬"幼儿育人目标。

为更好地落实幼儿园课程建设,形成与科学适宜的课程顶层设计思路与实施体系,提升我园保教质量,我们就方案构建的背景与理论基础进行了梳理与分析、调研与提炼。在深入剖析的基础上,进一步厘清园本课程建设的基础与现状,为课程的构建与实施提供有力的支撑。

【课程主题】

润泽心智，恬美生长

【课程目标】

1.利用丰富的教育资源与生态自然的环境，激发幼儿的内驱力，引导幼儿主动学习，从而促进其内心的丰盈和智慧的培育。

2.聚焦幼儿德智体美劳全面发展，使幼儿在自然、恬静、美好的教育环境中，得以幸福地生活、快乐地游戏、智慧地成长。

【课程安排】

"润恬"课程内容分为基础性课程与特色性课程。

基础性课程是以《3—6岁儿童学习与发展指南》（以下简称《指南》）为依据，按五大领域进行分类，做到保基础、全覆盖，确保幼儿全面、和谐发展。具体课程内容见下表。

基础性课程内容一览表

学期	月份	小班	中班	大班
上学期	9	我上幼儿园	我升中班啦	小小中国娃（大中国）
	10	我和我的家	我家在社区	我爱我的家乡
	11	秋天里	多彩的秋天	牙齿咔咔咔
	12	天冷我不怕	我运动我健康	红红火火中国年
下学期	3	春天里	拜访春天	神奇的大自然
	4	我最喜欢的那本书	我家的书	图书的世界
	5	感官游乐园	我来显身手	探秘小学
	6	顽皮一夏	缤纷夏日	再见了幼儿园

特色性课程主要是为培养幼儿良好的阅读习惯和能力，延伸与拓展幼儿在不同主题活动中学习与探究的路径，从"绘本图书阅读""生活体验阅读"和"艺术表演阅读"三个维度提出了"悦读"课程

内容。

　　"悦读"课程不仅以绘本为切入点补足幼儿精神之"钙",为幼儿的精神成长和全面发展打下良好的基础,也为主题活动的开展与延伸提供了适宜性的支持与补充。具体课程内容参考下表。

特色性课程内容一览表

小班		中班		大班	
主题名称	嵌入绘本	主题名称	嵌入绘本	主题名称	嵌入绘本
我上幼儿园	《我爱幼儿园》《幼儿园里的一天》	我升中班啦	《勇气》《换一换》	小小中国娃(大中国)	《花木兰》《我骄傲我是中国娃》
我和我的家	《梦中的可爱家庭》《我爸爸》《我妈妈》	我家在社区	《安的种子》《花婆婆》	我爱我的家乡	《我爱我的家乡》《乐山大佛》
秋天里	《秋天的味道》《凯文在秋天》	多彩的秋天	《秋天的果实大收集》《一片叶子落下来》	牙齿咔咔咔	《一颗超级顽固的牙》《牙齿大街的新鲜事》
天冷我不怕	《冬天的样子》《饺子和汤圆》	我运动我健康	《冰雪中的精灵》《睡着的冬天》	红红火火中国年	《团圆》《中国年》
春天里	《在春风里散步》《遇到春天》	拜访春天	《接着,春天来了》《14只老鼠去春游》	神奇的大自然	《这就是二十四节气》《盘中餐》
我最喜欢的那本书	《我喜欢书》《大熊的第一本书》《书是什么东西》	我家的书	《爱书的孩子》《一本没有故事的书》	图书的世界	《图书的旅程》《神奇飞书》《爱看书的男孩》

续表

小班		中班		大班	
主题名称	嵌入绘本	主题名称	嵌入绘本	主题名称	嵌入绘本
感官游乐园	《超级小厨师》《小威利做家务》	我来显身手	《田鼠阿佛》《妈妈买绿豆》《你的手我的手他的手》	探秘小学	《我上小学了》《小魔怪去上学》
顽皮一夏	《装满夏天的信》《夏天来了》《稀里哗啦下大雨》《夏日的一天》	缤纷夏日	《夏天真美》《魔法的夏天》《夏天有过一只蝉》	再见了幼儿园	《我在风中》《小浩的橡树子》《再见了,幼儿园》《再见,古纳什小兔》《最温暖的家》

【课程实施】

"润恬"课程将内容实施融合于幼儿的一日活动之中,不再拘泥于固定的学习形态,而是根据幼儿的需要进行通盘整合,进而形成一个完整的课程实施体系。

一、深入研究课程主题,明晰课程培养目标

"润恬"课程秉持着"让生命自然成长,让教育自然而然"的教育宗旨,提出了"润泽心智,恬美生长"的课程主题。"润泽"代表一种教育样态,即"润物细无声,教育爱无痕"的浸润式教育,"心智"代表着幼儿的发展需求与方向。"润泽心智"即教师采用科学适宜的浸润式教育方式,充分利用园所资源,培育阳光快乐、专注敏行、慧语善言、勤思乐探、尚美多艺的"恬润"幼儿。其具体表现详见下表。

恬润幼儿的具体表现

目标	维度	具体表现
阳光快乐	生活适应	热爱生活，乐观豁达
专注敏行	动作发展	认真专注，敏捷主动
慧语善言	理解表达	聪慧睿智，大胆表达
勤思乐探	科学探究	勤于思考，乐于探究
尚美多艺	艺术表现	崇尚美好，多才多艺

二、成立管理组织，明确管理任务与要求

为保障园本课程的有效实施，我们成立了管理组织，并为不同组织制定了具体的管理任务与要求。具体内容详见下表。

组织名称	人员组成	任务	要求
课程管理与开发小组（核心团队）	园长、业务园长、保教主任、后勤主任、科研组长、教研组长	负责课程的开发与管理，以先进的理念为引领，围绕课程目标制定方案，统筹课程实施与评价，并根据评估与反馈不断调整与优化课程方案。	每学年一次综合审议；每学期一次课程反馈。
教育教学、保教科研部门	业务园长、保教主任、教研组长	负责推行课程的实施，开展相关的课题研究与教师研训等活动，梳理并反馈课程实施情况，及时进行动态调整。	每学期一次集中梳理；每月一次主题审议；每月一次随机督导。
各年级教研组	年级组长、骨干教师	结合课程实施方案，带领年级组教师开展课程审议，制订适宜本年龄段幼儿的课程计划，并做好课程资源的调控与管理。	每月一次主题审议，每个主题活动进行两至三次年级组例会。
"三位一体"管理委员会代表	幼儿园、家长、社区代表	参与幼儿园课程实施，提供相应的支持，并积极参与课程调研与反馈。	每学期一次例会。
顾问组	相关专家	定期入园指导课程开发、跟踪课程实施、开展教师研训等工作。	每学期至少来园进行一次指导。

三、建立健全相关制度，助力课程实施

1.建立学习制度

为提升教师课程实施力，我们结合教师专业成长计划，利用"线上+线下、园内+园外、自主+集中"三路径实现课程培训的全覆盖和全链接，每一场培训均做到有主题、有内容、有互动、有实录、有反馈，以此提升教师的专业能力。

2.建立集体审议制度

为确保主题教学活动实施的科学性与适宜性，以及能够满足当前幼儿的发展需求，我们建立了"三三审议"机制，分别从"园级、年级、班级"，以及"前审议、中审议、后审议"三个维度对审议内容、审议人员和审议作用进行界定，形成自上而下和自下而上两种审议机制，以此优化课程的实施。

3.建立年级组集体备课制度

为最大化地集思广益、整合资源、优化教学策略，我们建立了年级组的集体备课制度。基于不同类型的活动，从教学目标的制定、活动的准备、教学环节的设计、重难点的突破、资源的共建共享等，开展集体研究与讨论，形成符合园情、班情以及幼儿需要的教学方案，以此提升课堂的质量。

4.建立专项经费表彰制度

为调动教师参与课改的热情，促进园所保教质量提升，我们将园本课程的有效落实与教师月考核、学期考核结合在一起，并通过业务领导每月随机进班级开展幼儿发展评估、环境创设评比、课程故事汇、家长随机访谈等，以"基础分+优秀分+创新分"三个等级进行奖励，以此促进教师的专业成长。

四、以研修为径，推动教师课程领导力的提升

为落实课程的有效运行，提升课程实施的质量，我们结合园本课程内容，基于教师在日常教育教学中存在的共性问题，从主题活动、

游戏活动、绘本教学三个维度，搭建不同的研修平台，推动教师课程领导力的提升。

1.围绕主题探究活动，创新园本研修方式

此部分主要包括两个方面：一是通过"三三审议"机制，确保四个链接（链接幼儿的已有经验、链接幼儿的兴趣与发展需求、链接现实生活、链接可用资源），优化主题活动的实施内容，切实有效地帮助教师在课程实践中把握正确的方向，推进课程生活化、游戏化、班本化的进程。二是通过课程故事分享会的形式，在相互交流与建言献策中进一步优化主题活动的实施路径。

2.围绕游戏教学问题，创新园本研修模式

游戏研修中，我们以故事研修法、游戏体验法、翻转课堂研修法、视频切片研讨式研修等方式提升教师的专业素养，促进其在游戏活动中支持幼儿的游戏往更高水平发展。

3.围绕绘本教学问题，创新园本研修模式

绘本教学研修中，我们以小纸片研修法、课例锦囊式研修法、情景再现研修法、游戏迁移研修法等方式，进一步提升教师在绘本教学方面的设计与组织实施能力。

不同的研修模式交叉、综合应用于实践中，不仅为全体教师构建一个学习共同体，激活教师专业发展的内驱力，而且聚焦主题，以问题为导向进行连环的任务驱动式研修活动，让教师在实践中不断有"破"有"立"，既促进其理念的更新，也促进其实践的创新，切实提升教师的课程领导力，推动"润恬"课程的落地。

五、以活动为契机，促进幼儿多元能力的发展

1.生动有趣的主题探究活动

在课程审议制的支持下，我们主题探究活动的实施过程实现了从"园本化"到"班本化"。如大三班的幼儿在"神奇的大自然"主题活动中对蚕宝宝产生了兴趣，于是他们自主商量从网上购买蚕卵，从

"孵蚕宝宝—饲养蚕宝宝（蚕宝宝喜欢生活在哪里、喜欢吃什么；怎么保护蚕宝宝）—蚕宝宝变形了"探究过程中，幼儿不仅积累了饲养蚕宝宝的经验，了解了生命的成长过程，也激发了他们关爱身边的动植物的情感。又如中一班在"动物朋友"主题活动中对小鸡产生了兴趣，于是生发了"孵小鸡"的项目探究活动，从"小鸡孵化的条件—选择受精的鸡蛋—照顾正在孵化的蛋—小鸡出壳了"等系列探究活动中，幼儿不断运用已有经验，获得孵小鸡和饲养小鸡的本领，并产生更多探索行为，全面提高了幼儿的综合能力。

2. 书香四溢的"悦读"系列活动

结合"悦读"课程内容，我们以好书推荐、图书漂流、经典诵读的形式，延伸出"我是故事大王""经典绘本剧表演"等系列活动，建立了"我爱阅读"的常态化活动机制，让书香流淌在幼儿园的每一个角落，浸润着每一名幼儿的心灵。

3. 自由快乐的游戏日活动

基于幼儿游戏活动的开展需求，立足园所实际情况，我们构建了好玩的游戏环境。通过班级区角游戏、户外大畅游、混龄社团游戏活动，尽最大可能满足和丰富幼儿的游戏活动需求，助推幼儿快乐玩、有效学。

4. 多姿多彩的节庆教育活动

在开展传统节日节气教育的同时，我们充分利用园本节日，设置了"春之阅读节""夏之童玩节""秋之红歌节""冬之运动节"系列节庆活动。每次的节庆活动，都有教师、家长、幼儿三方共同筹备，具体的活动内容会根据小、中、大班不同的年龄特点进行适宜的设置。幼儿在这些节日中，不仅能获得丰富的经验和体验，还能在筹备过程中得到多方面能力的锻炼和发展。

5. 形式多样的劳动教育活动

为助推幼儿自主能力的提升、从小养成热爱劳动的好习惯，我们利用自主生活、自主劳作的活动，让幼儿在园一日生活的各环节进行劳动能力的培养，体验服务自我、服务他人的乐趣，从而提升幼儿的劳动意识。

【课程评价】

课程评价的根本目的在于保证课程开发与教学设计的合理性，因此我们努力做到评价主体的多元化、评价体系的完善化、评价方式的多样化，以此提高"润恬"课程的科学性与适宜性。

评价主体的多元化：我们一改过去单一的教师评价，转化成多主体评价。评价人员涵盖了幼儿自评、同伴互评、家长评价和教师评价。

评价体系的完善化：我们对标《指南》中五大领域各年龄段幼儿的核心经验，细化了各领域各年龄段幼儿发展评价指标和评价量表，实现课程诊断、修正、监控的功能。

评价方式的多样化：我们采用质性评价和量化评价两个视角，针对幼儿和教师的发展进行定期评价。在幼儿方面质性评价中，我们利用学习故事和幼儿成长档案来呈现和分析幼儿的发展现状；在量化评价中借助学期末幼儿综合发展测查和幼儿发展评估核查班级课程落实情况，以此来评价幼儿整体的发展状况。在教师方面质性评价中，我们通过课程故事分享会和教师成长漫谈，分析教师的专业成长；在量化评价中，借助教师专业技能考核和展示课、论文撰写、课题研究、个人荣誉获得、家长访谈等方面进行综合评议。

四川省成都市温江区光华瑞泉幼儿园　蒋丽　于银

"和乐"园本课程实施方案

【课程背景】

我园一直秉承"用爱养育、用心教育、和谐发展,成就快乐童年"的办园理念,主张教育教学要依据内在和外在的规律进行,营造人文和谐的文化氛围,从而提出"和乐"文化理念。在此基础上,我园尝试以"和乐"文化作为园本课程建设的内核,明确课程目标,制定课程规划,选择适宜课程资源以及实施策略,架构园本课程体系。

在"和乐"文化中,"和"是指与社会和谐、与自然融合、与人和善,三者和谐统一、融合发展。"乐"是指乐道、乐群、乐观,教师、家长、幼儿共生共乐。"和乐"代表和谐、融合、开放、愉悦的教与学的状态。为了进一步充实"和乐"文化,我们将"和乐"文化在课程中进行多维度的衍生。"和"字应用到课程建设,代表幼儿对生活中美好的人、事、物的追求,幼儿发展成为一个行为美好、人格健全、精神丰盈的个体才能更好地适应社会,促进社会性的发展。"乐"字应用到园本课程建设,折射出幼儿作为独立个体,有驱动自己不断向前发展的内在驱动力,这种内驱力促使幼儿积极主动地去探索周围世界。因此,园本课程的建设需要以幼儿内在的需要为基本依据,关注幼儿的自主探究,从幼儿的生活经验出发,通过良好的课程实践,培养幼儿成为具有"和乐"健康的身心、融合创新的智慧、和睦乐群的品质、和悦自信的人。

"和乐"园本课程将追随儿童，关注幼儿生活中无处不在的教育价值，为幼儿提供充分体验与感受的环境，倾听与挖掘幼儿的真实需求，注重领域之间、目标之间的相互渗透与整合，为幼儿一生的发展打好基础。

【课程主题】

和而不同、"和乐"共生，用爱养育、用心教育、和谐发展，成就快乐童年

【课程目标】

1. "和乐"健康：发展幼儿良好的身体和身心健康，让幼儿在生活中发展动作、锻炼技能、发展认识以及获得丰富的感性经验。

2. 融合创新：发展幼儿良好的思维能力，让幼儿在不断思考中去接近事物的本质和真相。因为思维能力的发展是一个融合观察、思考、判断、质疑的过程，同时也和幼儿的想象力、好奇心、坚持力密切相关。

3. 和睦乐群：发展幼儿良好的情绪和情感能力，帮助他们成为一个人格健全和精神丰盈的人，让幼儿学会与人和睦交往，适应不同的生活。

4. 和悦自信：发展幼儿良好的自尊、自信、自主的品性，具有自我发展意识，伴有强烈的自我内驱力，增强自我力量，体验成功带来的快乐。

【课程安排】

"和乐"园本课程强调课程与幼儿生活环境、自然环境、社会环境的融合共生。它是以幼儿生活为基础、主题活动为基本的组织形式，以幼儿主动学习为主要方式的整合式课程。课程内容主要来源于"四季"背景下主题预设课程、"园本两典四节"品牌活动、生成性课程三块内容。

"四季"背景下主题预设课程是基于已审定的主题课程内容,涉及健康、语言、社会、科学、艺术五大领域,它是"和乐"园本课程内容的主要来源。春耕、夏耘、秋收、冬藏寓意着自然的循环往复、生生不息,更是事物发生和发展的过程。"和乐"园本课程以四季自然轮流过程为实施背景,主要包含"春之探""夏之乐""秋之和""冬之韵"四大主题。每学期安排两个大主题,每个主题下以自我、自然、社会三个维度编织主题内容,即"人与自我""人与自然""人与社会",三者既各自独立,又相互融合。具体安排见下表。

大主题 \ 子主题 \ 年龄段	小班	中班	大班
春之探 夏之乐	相亲相爱一家人	快乐的小朋友	我要上小学了
	美丽的春天	我找到的春天	我们在春天里
	愉快的夏天	热闹的夏天	夏天里的毕业时光
秋之和 冬之韵	爱上幼儿园	我上中班啦	大方自信的小朋友
	秋天到	多彩的秋天	秋天的秘密
	冬天到了	冬天到,喜洋洋	我在冬天里

"园本两典四节"课程是园所品牌特色活动,包含开学典礼、毕业典礼、阅读节、快乐节、独立节、运动节,是彰显幼儿独特风采的特色课程活动。具体安排见下表。

大主题 \ 园本节日 \ 年龄段	小班	中班	大班
春之探 夏之乐	开学典礼	开学典礼	开学典礼
	阅读节:我是小书虫	阅读节:我是阅读小达人	阅读节:我的阅读会
	快乐节:奇妙小玩家	快乐节:快乐的六一节	快乐节:童心筑梦
	升班仪式	升班仪式	毕业典礼
秋之和 冬之韵	开学典礼	开学典礼	开学典礼
	独立节:我能我会	独立节:能干的我	独立节:大胆独立的我
	运动节:动物运动会	运动节:趣享运动	运动节:悦畅运动

生成性课程是根据幼儿的兴趣需要,并且经园级、年级、班级确

定后生成的课程内容,是"和乐"园本课程内容的补充与拓展。由于生成性课程不是预设的课程,具有一定的随机性,此处不再列举活动计划表。

【课程实施】

一、扎实课程理论的学习

1.卢梭的"自然主义"理论

卢梭认为教育要"顺应自然",教育要遵循自然赋予儿童的本性,要顺应儿童天性发展的自然历程,还要尊重儿童的个性特点。合理的教育来源包括自然的教育、人的教育、事物的教育。卢梭的自然主义理论,奠定了"和乐"课程实施策略的基础。

2.杜威的"教育即生活"理论

杜威认为,教育就是儿童生活的过程。最好的教育就是"从生活中学习,从经验中学习",要为儿童提供保证生长或充分生活的条件。他认为学校本身就是一个社会生活,具有社会生活的全部含义。"和乐"课程借鉴杜威的生活论和经验论,强调课程和生活是互动的,课程应该具有生活意义,生活应该具有教育意义,要从儿童的实际生活中取材,重视幼儿个体建构和经验的积累,鼓励幼儿在亲身经历中学习与成长。

3.布朗芬布伦纳的"生态系统"理论

布朗芬布伦纳的人类发展生态学理论指出,环境对于个体行为和心理发展有着重要的影响,家庭环境、学校环境和社会环境是影响人类发展的关键因素。他强调幼儿在行为养成的过程中,家庭、幼儿园以及整个社会都会产生积极或消极影响,要建立微观系统、中间系统、外层系统、宏观系统的概念。这一理论帮助我们明确了在课程实施中,不仅要关注幼儿个体的微观发展,还要关注幼儿园、家庭、社会等多方面的资源,以幼儿为主体,协同周围各层级环境共同发展,使幼儿在与环境的相互作用中获得发展。

二、剖析"和乐"文化，明晰课程思路

幼儿的长远发展是课程之本，我园梳理出"和而不同、和乐共生"的课程理念，它蕴含着办园者及教师对于童年样态与生活的设想，也寓意着实现这一设想的基本途径与基本方向。

"和乐"园本课程的四个愿景包括：第一，课程实施的策略和而不同，以多样的实施策略促进幼儿全面、和谐地发展。第二，在资源开发与利用中和而不同，充分挖掘园内外物质资源、人文资源、自然资源，进行筛选、整合，丰富课程内容。第三，在人际交往中和而不同，期待每一位幼儿、教师、家长参与到课程建设中来，既能保持和谐友善的关系，又能保持思想的自由和人格的独立。第四，在课程实施中，每一个人的体验都是快乐的、幸福的、"和乐"共生的。

明晰课程内涵后，我们根据幼儿的年龄特点、认知发展规律、兴趣需要，更加关注幼儿的主体性、课程内容的适宜性、资源利用的多样性、环境创设的教育性、游戏活动的多元化等方面的完美体现，立足通过创设"活"环境、"趣"游戏、"雅"生活等环节，来满足幼儿身心健康、全面发展的需求。此外，我园地处清河新区，园所周边社区资源、自然资源、生态资源具有独特优势，丰富的环境资源可以满足幼儿亲身体验、实际操作、直接感知的需要，为园所的生成性课程提供了客观条件。

三、不同保障措施，助力课程实施

1.人员组织保障

我们建立了幼儿园课程管理组织，由园长、业务园长、教研组长、年级组长等成员构成。各成员分工到位、责任到位，力求课程实施顺利开展，确保园本课程质量。

园长全面负责幼儿园课程开发与实施的管理。

业务园长负责教师课程执行力提升、课题研究与课程评价。

课程组长负责课程实践案例研究与管理。

教研组长负责课程实践案例研究与课程资源研究。

年级组长负责课程实践案例研究与课程审议实践。

2.课程审议制度保障

我们采取了自上而下（园级、年级、班级）或自下而上的审议流程，借助审议流程操作图，把握课程实施方向，确保课程质量。

园级审议一般由业务园长组织，每学期进行1—2次。学期初，针对课程审议流程与细则的修订、幼儿园综合课程蓝本、生成课程如何补充与渗透进行审议。学期末，对本学期完成的主题活动内容进行梳理、调整，根据提出的意见进行完善，并预设下学期所要进行的主题活动与活动设想。

年级审议由年级组长带领部级教师，借助"课程审议表格"对每个主题活动进行规划、调整和反思，主要分为前、中、后三个阶段进行。前审议重点聚焦幼儿的学习和发展需要，对原有主题课程方案进行审议，发现问题和不足时要做出适宜性调整。中审议重点聚焦问题的产生，关注幼儿生活经验及运用情况，并适时反馈调整，优化原有主题方案。后审议重点聚焦分享、反思和提炼交融的过程，反思目标落实是否合理、环境创设是否得当，总结课程推进的方法和亮点，形成主题课程资源包。

班级审议则重点聚焦同轨班级一周主题实施过程中存在的问题，聚焦班内实际情况，对班级环境、游戏活动、生活环境等进行调整。

3.资源保障

在课程建设中，我们对幼儿园的课程资源进行全面分析与梳理，同时对社区资源、周边资源、人力资源进行图示说明，为顺利开展课程提供条件。

四、丰富课程实施路径，实现课程目标达成

"和乐"园本课程的实施，遵循生活化、游戏化、情境化的原则，基于幼儿主观能动性和生活经验，以主题渗透式、生活融入式、游戏探究式作为课程实施的三大途径，通过幼儿园主导、家园携手共育、社会化熏陶协同推进来实现课程目标。

1. 主题渗透式

通过课程审议，形成"和乐"园本课程的主题系列活动，以集体活动、小组活动、个别化学习等途径，引导幼儿大胆探索学习、互动交流、感知领悟，扩充幼儿的生活经验和学习经验。

2. 生活融入式

生活活动包含自主入园、自主进餐、自主入睡、自主劳动等，着力培养幼儿良好的生活卫生习惯，帮助幼儿了解初步的卫生常识和有规律的生活秩序，培养幼儿的自主生活能力。我们还通过对周边社会资源的挖掘，以幼儿真实生活为基点，以角色身份参与社会体验，获得丰富的社会认知，鼓励幼儿亲近自然，培养民族归属感与自豪感。

3. 游戏探究式

游戏作为幼儿最佳的学习方式，主要包含户外自主游戏和室内区域游戏。如户外游戏包含"野战区""沙水区""涂鸦区""攀爬区"等，室内游戏包含"建构区""阅读区""益智区""角色区"等。幼儿可以自主选择游戏内容、自主决定学习进程和学习方式，在游戏中学习与人交往、学习认识自己、认识生活、认识自然、认识客观世界。

【课程评价】

课程评价聚焦幼儿的学习与发展，遵循发展性评价的原则。我们不断思考和调整评价主体、评价内容及评价方式，努力做到评价主体的多元化、评价内容的综合化、评价方式的多样化、评价过程的动态化，真正促进幼儿、教师、课程、家长的共同发展。

我们注重对幼儿发展的评价，以每周定点观察、每日随机观察、幼儿成长档案、主题活动后评价、学期末阶段性调研作为常态化评价手段，帮助教师了解幼儿发展水平，进而有针对性地优化和调整课程内容，持续促进幼儿发展。我们也会引导幼儿进行自评，在教师不干涉的情况下，幼儿在自主学习和探索过程中通过一定的方式对自己的表现进行评价，并以不同表征方式记录自己和同伴的感受，如幼儿制作游戏计划书或通过游戏回顾等方式对自己的表现进行评价。而家长作为幼儿园的重要合作伙伴，我们也会邀请其参与评价，以专题调查和量化分析评价为主。专业调查是了解家长的经验、想法和态度的基本方法，量化分析是通过调查问卷的方式，了解家长对园本课程实施的了解情况，并收集意见与建议。

江苏省淮安市清河新区实验幼儿园　连天子　张莉

"和美"园本课程实施方案

【课程背景】

我园坐落于历史悠久、人文荟萃的镇江东乡,本着艺术性、开放性、对话性、适宜性的原则创设生态、灵动、温馨、童趣的室内外环境。我园在室内创设绘本馆、美劳室、科探室、泥叫叫工作坊、木工房、生活馆,以及融合教育资源中心等专用活动室,能满足幼儿多样化的生活体验、游戏与学习需求。户外有小山坡、隧道战壕、沙水池、运动场、足球场、小农庄、小花坊,"和美驿站"综合角色区、"我爱我家"生活区等户外区域,充分满足幼儿运动、探索、观察、种养、扮演等多样化体验和学习的需要。

《幼儿园教育指导纲要(试行)》(以下简称《纲要》)明确提出:"各类幼儿园应从实际出发,因地制宜地实施素质教育,从本地、本园的条件出发,结合本班幼儿的实际情况,制定切实可行的工作计划并灵活地执行。"基于此,我园将课程建设与课题研究紧密结合,以《利用乡土教育资源开展"和美"小农庄实践活动》《一日活动中培养小公民礼仪行为的实践研究》《守本真,向"和美":"小主人"培养的实践研究》《新农村野趣游戏场的开发与实践》等课题为引领,秉持"守本真、向'和美'"的教育理念,构建自上而下的组织引领与自下而上的课程实践支撑,逐渐将"自主、自律、自信"的小主人培养目标融入课程建设之中。

【课程主题】

守本真，向"和美"

【课程目标】

1.深层挖掘园所教育资源，坚守园所特色文化与创新并存，努力把幼儿园办成符合培养未来人才目标的优质幼儿园。

2.培养幼儿向下扎根的情怀，以及向上"野蛮"成长的精神。

3.加强教师、家长的教育观念，提高教师、家长的教育能力。

【课程安排】

课程结构主要分为主题课程与"小主人"实践课程。

主题课程以《纲要》和《指南》为引领，以主题活动为轴线，借助集体教学、区域游戏、小组活动等形式，充分考虑幼儿学习的启蒙性和趣味性，注重活动的综合性和可操作性，强调同伴间的相互讨论与合作，有效促进幼儿体、智、德、美、劳各方面的协调发展。具体安排见下表。

小班课程安排表

学期	月份	主题	主题下的子活动
上学期	9	我上幼儿园啦	你好，幼儿园 你好，小朋友 棒棒的我
	10	我的一家	我的家庭成员 我们的家 我们相亲相爱 我爱我的大家庭
	11	秋叶飘	秋天的树叶 秋天的花 秋天的果

续表

学期	月份	主题	主题下的子活动
上学期	12	宝宝真能干	我长大了 我的本领 我喜欢的 新年到
	1	冬天到	冬爷爷来了 天冷我不怕 小班一学期生活回顾与感恩
下学期	2	相亲相爱一家人	我又大一岁啦 我的爸爸妈妈
	3	这就是我	我眼中的自己 我的心情 我很能干
	4	美丽的春天	春天来了 幼儿园的花 幼儿园的动物
	5	我最喜欢的那本书	和爸爸妈妈一起读 我喜欢书 我有很多书
	6	愉快的夏天	小朋友的节日 夏日游戏 夏天的颜色 小班生活回顾与惊喜

中班课程安排表

学期	月份	主题	主题下的子活动
上学期	9	我升中班了	我上中班啦 我是值日生 我的新本领

续表

学期	月份	主题	主题下的子活动
上学期	10	我和我的家乡	中秋节 国庆节 我的家
	11	美丽的秋天	有趣的叶子 百变的树枝 花朵与果实
	12	冬爷爷的礼物	冬天,来了 冬天的人们 冬天的活动 冬的秘密
	1		新年真快乐 中班一学期生活回顾与感恩
下学期	2	你快乐,我快乐	我长大一岁啦 独特的我 我的优缺点 我的好朋友
	3	我找到了春天	春天在哪里 春天的秘密 春天的色彩
	4	我身边的科学	电的秘密 图形的秘密 颜色的秘密 水的秘密
	5	我与书	我喜欢的故事 我与书的故事 我有很多书
	6	愉快的夏天	小朋友的节日 夏天的发现 夏天的秘密 中班生活回顾与惊喜

大班课程安排表

学期	月份	主题	主题下的子活动
上学期	9	我是大班哥哥姐姐	我是大班小朋友 大班愿望清单
	10	自信的中国人	我的祖国 为祖国争光的人 我是中国娃
	11	金色的秋天	种子在哪里 大自然的色彩 大自然的形态 大自然的纹理
	12	动植物王国	神奇的植物 神奇的动物 我爱大自然
	1	拥抱冬天	新年来到了 大家来健身 有趣的冬天 大班一学期生活回顾与感恩
下学期	2	我的最后一学期	你好，小学 小学我知道 这就是我 我的问题
	3	我们在春天里	春天来了 春天里的植物 春天里的动物 走进小学
	4	人们怎样工作	爸爸妈妈真能干 各种各样的职业 小学课堂

续表

学期	月份	主题	主题下的子活动
下学期	5	图书的世界	我身边的图书馆 关于一本书 我最喜欢的那本书 我心目中的小学
	6	再见，幼儿园	小朋友的节日 一起走过的日子 毕业季 幼儿园三年生活回顾与惊喜

"小主人"实践课程是培养以"生本、生活、生长"为出发点和落脚点，通过多样化的实践活动，促进幼儿"自主、自律、自信"可持续发展的课程。

"小主人"实践课程以幼儿园、社区及周边资源为主线开展实践活动。我们通过收集乡土课程资源，根据资源的教育价值、使用功能及幼儿的兴趣点，将乡土教育资源进行分类。然后根据资源优势，创设乡趣三作坊、乐趣三场地、情趣三基地，通过劳动实践、项目探究、自主游戏等方式，真正实现"把童年还给幼儿，把生活交给幼儿"，给幼儿更多的劳动实践、动手操作、科学探索的机会，激发幼儿热爱家乡的情感，培养"小主人"的意识。

乡趣三作坊

工作坊	创设场馆	实施途径	实施方式
民俗坊	东乡文化体验馆	东乡历史	儒里古村、张氏宗祠、华山村、百年牡丹、圌山、薛家村
		东乡美食	烂面烧饼、京江脐、东乡羊肉、长鱼汤、寿桃
		民间游戏	摇花船、虎头鞋、舞龙、华山庙会、走马灯、摇花鼓

续表

工作坊	创设场馆	实施途径	实施方式
泥工坊	泥叫叫工作室	班本课程	玩泥—制泥—塑型
木工坊	"扎根"东乡小作坊	原生态材料创作	通过看、学、做,进行木工活动

乐趣三场地

创设场馆	实施途径	实施方式
自然游戏场	百草园	游戏活动、节日活动、节气活动
	虫虫园	
	土菜园	
社交游戏场	农家乐	户外游戏、区域游戏、自主游戏
	小戏台	
	小火车	
野战游戏场	山坡、隧道、战壕、城堡、小火车等	游戏活动

情趣三基地

实践场馆	实施途径	实施方式
千年古村	华山古村	主题活动、游戏活动、节日活动
	儒里古村	
万顷良田	水稻种植基地	主题课程、游戏活动
	蔬菜种植基地	
	水果种植基地	
阡陌池塘	一村一品	

【课程实施】

一、构建课程管理模式

我们在园本课程的开发、建设过程中，形成三个层面、五个阶段的课程操作模式，多角度、全方位地形成一整套科学有效的课程管理网络图，从管理机制上来保障园本课程的有效实施。

课程管理网络图

三个层面	
层面	要求
园长	负责规划幼儿园的整体课程框架与组织形式，并在具体的实施过程中做进一步的调整与完善。
业务园长 年级组长	根据幼儿园总的课程规划，结合各年龄段特点及教师的专业素养，具体研讨课程核心主题，并组织实践、观摩、研讨等，着重解决实施过程中存在的共性问题，对课程进行动态的管理。
各班教师	结合班级幼儿实际情况和兴趣需要，进一步拓展课程内容，创新课程开展形式，将课程计划分解到年、月、周、日计划中，从而保证幼儿一日活动的有效性。
五个阶段	
阶段	要求
年级组审议 （园长、业务园长、年级组长、年级组教师）	活动开展前，年级组进行集体审议，结合当下园本实际、幼儿实际进行主题目标、主题活动、主题环境、主题资源等方面的调整。
班级审议	根据年级组审议内容，结合本班级幼儿的实际情况、兴趣与需要进行适当调整。
交流调整 （园长、业务园长、年级组长、年级组教师）	在活动进行过程中，及时交流实施进展及效果，共同解决存在的问题并进行调整。

续表

五个阶段	
阶段	要求
小结反思 （园长、业务园长、年级组长、年级组教师）	活动结束后，交流实施过程中的经验与不足，找出共性问题，明确下阶段重点要解决的问题。
资料整理 （业务园长、年级组长）	小结活动结束后，将所有资料按规定的要求整理出主题课程文本资料，供参考和创造性使用。

二、深层剖析课程主题

"守本真，向'和美'"，培养幼儿形成"自我主张""自主探究""自行管理""自我激励"的能力，促进幼儿全面和谐发展。

"守本真"有三个层面的含义：其一，遵循教育的本真，即遵循教育发展的规律；其二，遵循幼儿发展的本真，即以幼儿为本，尊重幼儿身心发展规律和认知特点，从尊重幼儿爱玩的天性入手，实施回归原点的幼儿教育，充分重视游戏的价值，让幼儿在游戏为基本活动的快乐中找到童年的幸福；其三，遵循传统文化的本真，坚守传统文化与乡土文化，激发幼儿热爱家乡的情感。

"向'和美'"追求的是人与自然的和美、人与人的和美、人与自我的和美，构建"和美"的物质生态环境和精神环境。"向'和美'"期望建立平等与尊重、合作与宽容、自信与自立等价值观念与品质，在教育中求真、求善、求美，尊重幼儿个体发展的差异，让每一个幼儿成为"最好的自己"。

三、优化课程实施有效性

为了优化课程实施有效性，我们设定了四个结合、三个转变的课程实施原则。

1.四个结合

（1）规范与创新相结合

在规范课程总的培养目标、课程时间安排等大框架的基础上，鼓励教师创造性地选择并使用教材，真正做到规范与创新相结合。

（2）统一与灵活相结合

幼儿园要统一把握的问题包括：幼儿在园一日活动的安排、各种活动之间的时间比例、课程内容的四种形态（游戏、生活、学习和运动）是否平衡等。而教师可以在追随幼儿的过程中，灵活调整活动计划，更好地满足幼儿发展的需要。

（3）预设与生成相结合

在课程实施过程中，教师既要重视预设活动，又要引导生成活动。在坚持预设与生成相结合的过程中，尽量满足幼儿的兴趣和需要，促使幼儿各种经验得以整合。

（4）幼儿园与家庭、社区相结合

我园注重加强与家庭、社区的密切合作，积极创造条件让家长认同、支持、参与幼儿园课程的开发和实施。我们充分利用家庭、社区及周边环境的教育资源，扩展幼儿生活和学习的空间，多途径地协助家长提高家庭教育的能力，共同促进幼儿的健康成长。

2.三个转变

（1）从静态到动态

幼儿的需要、兴趣、经验和能力是多样的，当我们的计划与幼儿的兴趣、关注点发生矛盾时，要追随幼儿的需要对计划做出调整，因此课程的实施就是在静态的计划中进行动态调整的过程。

（2）从单一到多元

课程的实施不仅是教师的责任，幼儿、家长和社区人员都能成为课程的实施者，而且他们所具有的特殊技能是教师无法取代的。

（3）从预设到生成

教师要正确处理预设活动与生成活动的关系，在预设中生成，在生成中调整。在课程的实施中，可以遵循循序渐进的原则，鼓励教师从生成一个活动到生成两个活动，再到生成多个活动，不断生成新的主题。这样循序渐进地转变，教师可以更好地把握方向，从而提高课程的建构能力。

四、多角度、全方位实施课程

1. 季节化

按照季节变换来确定主题，丰富主题课程，引导幼儿关注身边的草长莺飞、鸟语花香，观察动物的生长、气候的变化，从而丰富幼儿的认知。

2. 领域化

幼儿是一个有机体，幼儿园教育要让幼儿以整体的方式去感受和表达世界，建立对世界整体的认识。因此我们注重各领域的有机整合，充分调动幼儿的多种感官认知，进行艺术表达、语言交流、合作分享、生活劳动，以促进幼儿的整体发展。

3. 区域化

按照园本特色的主要功能与基本条件，将课程渗透到室内美工区、阅读区、生活区等基本区域，同时与户外的自然区、涂鸦区、表演区、探究区等有机融合。

4. 生活化

树立师幼共同生活的理念，教师不仅照护幼儿的生活，还要参与幼儿的生活。教师在与幼儿共同生活的过程中，要理解幼儿对生活的需求与向往，把握幼儿的生活趣味，变审视幼儿生活为体会和反思幼儿与自己的生活。与此同时，教师还要充实幼儿的生活环境，扩展生活的范围，创造活动的机会和条件，让幼儿不断获得新的经验。共同生活意味着教师要感受幼儿的心灵，向幼儿学习，让幼儿成为课程的重要决策者之一。

【课程评价】

　　课程评价可以看到多领域的、立体的、不同环境下的幼儿的发展。评价内容主要围绕幼儿的生活、学习、运动、游戏四大板块课程内容，结合《指南》五大领域中的要求，及时关注幼儿的情绪状态，并分析情绪产生的原因，以便更好地对幼儿进行情绪疏导。要求教师善于观察并正确解读幼儿的行为表现，以帮助幼儿养成良好的行为习惯和学习品质。

　　在评价方法上，我们建立了促进幼儿发展的多元评价主体。其中，幼儿通过绘画自画像、自主签到、进餐打卡、喝水记录、制订游戏计划、区域任务打卡、区域游戏记录等多种形式进行自评，引导幼儿学会用行为规范来评价自己的行为，认识内在自我和自身行为之间的关系，对未来的社会行为准则有所准备。教师则通过作品分析、主题活动评价、主题下日常观察、五大领域发展评价、个别幼儿连续性跟进、幼儿成长档案的建立等方式，加深对幼儿的了解，从而做出客观的评价。同时，教师在评价的过程中也促进了自身专业能力的成长，有助于推动课程领导力的提升。除此之外，同伴评价、家长评价也是评价的重要依据。教师可以通过家长访谈、家长会、半日活动、亲子陪伴游戏等方式搭建与家长合作的桥梁，让家长成为教师的合作伙伴，帮助教师更好地了解幼儿，从而做出更为科学、合理的评价。引导幼儿之间互评是我们的创新尝试。我们立足幼儿在园一日生活，让幼儿对同伴的表现进行评价，幼儿不仅可以学习同伴身上的优点，又可以促进幼儿之间建立良好的同伴关系，增强他们的社会意识、交往能力等。

江苏省镇江新区姚桥中心幼儿园　祁玲玲　陈红霞　王燕

"和韵"园本课程实施方案

【课程背景】

优质的课程开发是一所幼儿园发展的前提,更是幼儿自主成长的基石,幼儿在课程的实施中唤醒兴趣、激发潜能、塑造自我。

我园自开园以来,深入思考并确立"和韵"文化理念,努力丰植"和韵"园所文化,践行"和悦韵心,趣美童年"的办园理念,力图通过共生共长的"和韵"生长课程体系,滋养出师生共同成长的生命力和创造力。

"和韵"不仅是一个文化标签,更需要在课程建设中走向深入,真正成为师幼共同的文化认同与价值追求。如果课程是跑道,那么"和韵"文化该怎样为幼儿的幸福前行设计跑道,让幼儿在跑道上行走得自由、自主、创造和愉悦?课程也是学习的过程,"和韵"文化又该如何激发幼儿的生长内驱力,让学习过程更高效、更深入、更持久?我园以文化引领课程建设,遵循幼儿的年龄特点和兴趣需求,充分挖掘幼儿园、教师、幼儿、家长和社区等资源,以整合性、探究性和生成性为原则,从课程目标的确立、内容的选择、课程的实施、课程的评价等方面深入开展实践研究,构建了共生共长、多元综合的"和韵"园本课程。

【课程主题】

和悦韵心，趣美童年

【课程目标】

1.以"儿童自主成长"为核心，秉承"教育即生长"的课程理念，编织回归与还原儿童本真的"和韵"生长课程体系，以促进幼儿整体、和谐发展。

2.凝练"和韵"生长课程的理论支撑，优化课程目标、内容、实施及评价，总结形成内容科学、效果显著的园本课程实施方案，为下一步深入研究提供支撑。

3.总结提升"和韵"生长课程实施的经验成果，以推动课程游戏化项目建设进一步向纵深发展，充分发挥课程效益最大化。

【课程安排】

我们孕植"和韵"文化，秉持"和悦韵心，趣美童年"的办园理念，将"韵育生命生长的力量"的共同愿景作为课程育人的精神内核，融入时代元素，着眼未来创新，面对充满挑战的未来世界，持续渗透进拥有积极、健康、充满能量与韧性的课程之中。课程安排参见下表。

小班	中班	大班
《魔法幼儿园》	《你好，朋友》	《长大真好》
线索一：认识幼儿园	线索一：我升中班啦！	线索一：我的新班级
线索二：遇到你真高兴	线索二：交朋友	线索二：我有很多好朋友
线索三：打个招呼吧	线索三：我的好朋友	线索三：我长大啦
线索四：爱上幼儿园	线索四：大家来做朋友	线索四：美丽心情
《缤纷糖果》	《品味家乡》	《我爱祖国》
线索一：我喜欢的糖果	线索一：家乡的美景	线索一：我是中国娃
线索二：甜甜蜜蜜	线索二：家乡的美味和变化	线索二：中国字的组成
		线索三：姓名的故事

续表

小班	中班	大班
《落叶飘飘》 线索一：落叶飘下来 线索二：落叶玩起来 线索三：种子藏在哪里 线索四：叶子去哪儿了	《你好秋天》 线索一：寻找秋天 线索二：秋天的秘密 线索三：秋天的叶子	《邂逅秋天》 线索一：落叶知秋 线索二：禾下乘凉 线索三：种子奇遇
《好帮手》 线索一：我的五个宝贝 线索二：小小手 线索三：小脚丫	《我的动物朋友》 线索一：动物初印象 线索二：动物大家庭 线索三：动物之秘密	《走进非遗》 线索一：美丽的扎染 线索二：四大发明之造纸术
《有趣的冬日》 线索一：探寻冬日 线索二：趣玩冬日 线索三：甜蜜冬日	《美好的冬日》 线索一：冬日的温暖 线索二：冬至有约 线索三：冬日的祝福	《爱上冬季》 线索一：冬季里的美丽 线索二：冬季里的味道 线索三：冬季里的快乐
《亲亲一家人》 线索一：元宵快乐 线索二：我的家人 线索三：我爱我家	《我居住的社区》 线索一：走进小区 线索二：我的家乡 线索三：我身边的人们	《成长时光机》 线索一：越来越独立的我 线索二：越来越自信的我 线索三：越来越幸福的我
《春日漫步》 线索一：认识春天 线索二：寻找春天 线索三：装扮春天 线索四：春天的味道	《春天来了》 线索一：遇见春天 线索二：约会春天 线索三：拥抱春天	《我们在春天里》 线索一：忆清明 线索二：诵清明 线索三：遇见春天 线索四：春天的秘密
《我喜欢的书》 线索一：各种各样的书 线索二：我的阅读小屋	《我的图书》 线索一：有趣的书 线索二：书的秘密 线索三：探索立体书	《逛逛图书馆》 线索一：走进图书馆 线索二：图书漂流记

续表

小班	中班	大班
《瓶瓶罐罐乐园》 线索一：瓶罐大家庭 线索二：瓶罐陪我玩 线索三：瓶罐变个样	《安全我知道》 线索一：马路上的车 线索二：红绿灯的使用 线索三：安全用电 线索四：防火防溺水	《走进小学》 线索一：与小学相遇 线索二：探秘小书包 线索三：自己的事情自己做 线索四：我喜欢小学
《我和夏天有个约会》 线索一：快乐的六一 线索二：好玩的水 线索三：夏天的礼物 线索四：快乐迎暑假	《热闹的夏天》 线索一：不一样的六一 线索二：遇见夏天 线索三：快乐过夏天 线索四：一起向前行	《再见幼儿园》 线索一：一起走过的日子 线索二：送给幼儿园的礼物 线索三：感恩的心 线索四：快乐向前走

【课程实施】

一、扎实理论基础，深化课程理念

新时代的幼儿教育已经迎来高质量发展的新阶段，在立德树人、终身成长、融合育人中走向幼儿优质教育是时代的呼唤。我们以著名教育家杜威的"生长学说"为理论基础，力求有效地激发幼儿园全场域里的人、事、物的内在能量，大家相聚在一起，相互适应、相互支持、相互成就，共同追求一种真、善、美的和谐发展教育态势。

著名教育家杜威指出："教育即生长，除它自身之外，并没有别的目的，我们如要度量学校教育的价值，要看它能否创造连续不断的生长欲望，能否供给方法，使这种欲望得以生长。"在这样的教育理念的指引下，结合园所发展目标，我们进一步明晰园所课程建设的内涵要义。

首先，是主体的不断生长。生长是一个生物学意义上的概念，它包含了我们的身体每时每刻都在生长，也包含了从个体内部生发，如智力、能力的成熟与道德的提升，并能应用到社会生活中，还包含了主体发展动机的持续生长，让师幼的学习更全面、更深入、更具创造性，学习的主动性、积极性不断提高。

其次，是课程的优化生长。幼儿园课程建设的生长过程犹如一棵幼苗成长为参天大树，需要适宜的空气、阳光和雨露。在课程实施进程中，需要追随幼儿的兴趣需要。基于幼儿的最近发展区，我们注重幼儿经验的连续性及相互作用性，课程要还原儿童生命的丰富性、多样性、创造性和可能性，让儿童的天性得以释放、个性得以彰显，并以"韵真、韵情、韵美、韵趣"的理念为幼儿打造富含文化滋养的成长乐园，强调幼儿园的任何一处、任何一角都是课程，追求"教育无痕"的共生境界。然后基于对幼儿需求和兴趣的价值判断，敏锐地捕捉课程实施中生发的具有典型意义的教育价值，灵活生成幼儿切实需要的教育活动。

二、以实践为支撑，优化课程实施路径

"和韵"园本课程以课程改造或适应为思路，以师幼共同发展作为课程建设的根本宗旨，观察儿童学习与游戏，倾听儿童心灵与声音，寻找他们的兴趣点，用充满生机与活力的教育智慧，激发每个儿童生长的内驱力，满足其全面和谐发展的需要，探索专业化、可持续的课程系统和实施路径。

1.激活"和融"主题课程的动态生长

"和融"取其融合、融会贯通的含义，主题课程的开展是保证全体幼儿全面发展的基本内容，我们结合本地特色、季节时令等教育资源，追随幼儿生活经验和认知水平的发展变化，进行园本化改造。通过幼儿园、教研组、班级层面的三级审议制度，坚持开展前、中、后的全过程审议要求，对目标确立、资源选择与运用、活动设计与实施等进行全方位的分析和反思。在活动推进过程中关注幼儿学习的主动性、积极性和发展性，并根据幼儿的学习与发展态势进行动态调整与延伸，以使课程能够拥有持续不断的向上生长的力量。

2.挖掘"和适"生活课程的多元生长

"和适"取协调、舒适之意,指遵循个体节奏适宜生长。我们秉承"一日生活皆课程"的理念,重视生活环节的独特价值,关注幼儿年龄特征及个体差异,以"服务自我→服务他人→服务班级→服务社会"为"四步走"原则,将"自由、自主"的游戏精神融入幼儿一日生活,把生活课程的决定权交给幼儿。我们还充分利用地理优势,把附近的一片小树林作为我们的"农场",这里一年四季轮回交替,师幼共建了"四季生活课程",采用问题观察、研讨分析、策略调整等方式,探寻一日生活中幼儿发展的多元生长点。

3.实践"和乐"游戏课程的融合生长

"和乐"取嬉乐之意,"和乐"游戏课程强调把"游戏还给幼儿",做儿童的真游戏,唤醒幼儿的生命张力。我园打造了生态多元、材料丰富、开放自主的室内游戏区、户外游戏场域以及十大游戏场馆。我们基于幼儿学习特点及发展需要,在合理开发和利用室内外游戏区域的基础上,进一步明晰场馆的活动目标,挖掘场馆的材料资源,梳理场馆的价值意义,努力将每一个场馆都打造成班级活动的外延,作为可选择的资源,提供丰富的学习经验、选择机会,让每一个场馆都既有其独特的发展目标,同时又融合着幼儿的整体发展。每日"游戏时间"、每周"场馆日",让幼儿在充满挑战的自主游戏中不断获得新的经验,在自由、自主、创造、愉悦的游戏精神下实现生动活泼地完整成长。

4.把握"和灵"生成课程的探究生长

"和灵"取适合、灵动之意,是基于对幼儿需求和兴趣的价值判断,敏锐地捕捉课程实施中生发的具有典型意义的教育事件,精心选择、灵动生成幼儿切实需要的活动。生成课程的实施是一个动态的、发展的过程,活动过程中会不断延伸出更多的活动。因此,在整个课程实施过程中,首先需要准确把握幼儿的主体性和教师的引导性之间的动态平衡。教师需要充分尊重幼儿的兴趣需要,但同时也要基于教师的专业视角，从"可操作性""教育性""可行性""开放性"角度出发，对生成课程的目标和内容进行科学的确立。其次需要选择和把握好生成与预设的有效结合。破除"对生成课程就是不用预设"的错误思想，正确把握生成课程中预设和准备的要素，活动前全面预设活动走向、准备丰富的环境材料、充实自身的专业知识和能力等，做有准备的教师。而在活动中则耐心观察、仔细倾听、科学分析、动态支持，追随幼儿的发展和需要，以此实现师生的共同成长。

三、以学习为载体，实现师生的"生命对话"

一所好的幼儿园，一定是一个学习共同体。幼儿是学习的主体，教师是幼儿学习的支持者、合作者和引导者，师幼互动中营造着生命成长的安定氛围，教育教学更像是生命之间的相遇与对话。

1.幼儿的学习

在课程游戏化理念的引领下，我园践行着"六大解放"，并在此基础上基于本园现状提出"六个还给"的教学理念——把时空还给幼儿、把主动权还给幼儿、把选择权还给幼儿、把体验权还给幼儿、把话语权还给幼儿、把评价权还给幼儿。我们还确立了"问题（兴趣）生成—问题互解—问题探究—问题解决—问题展示（拓展）"的项目化学习过程，实现幼儿自主学习。在项目活动开展过程中，我们始终坚守倾听幼儿的想法、基于幼儿的需要、基于课程生长的需要，因为我们相信幼儿是与生俱来的探索家，他们可以通过探索环境来增长经验，健康而自发地成长起来。

2.教师的学习

幼儿的自主学习离不开教师科学有效的支持。如何进一步提升教师的专业能力，幼儿园的教研支持可以发挥重要的作用。我们坚持从问题出发，以多样支持的方式为手段，不断促进教师的专业成长。我们尝试通过"满足需求、问题驱动、潜能激发"的三轮驱动，持续发力，助推教师专业能力的提升。

针对教师提升自身专业能力的迫切愿望，我们通过"补知识、促能力、搭支架"的方式给予教师全方位的支持，并通过"优势兴趣的挖掘—时间空间的保障—多层面平台的搭建—持久的助力支持"进一步激发教师潜能，实施共性与个性相结合的多元化刺激，破除教师发展的瓶颈。

【课程评价】

"和韵"园本课程包含了课程的优化生长，更重要的是落实到人的全面发展当中。我们尝试建立园所评价、幼儿评价、教师评价、家长评价和专家评价关联互动的课程实施评价机制，并通过多种途径的实践、学习和研讨，促进多元评价主体评价能力的提升。例如：引导家长加入到课程评价中来，从引领家长关注生活中的评价入手，通过详细的指导清单，指导家长学会观察和记录；或者邀请家长分批走进班级，与教师一起观察幼儿的学习与游戏，帮助家长从专业的视角识别幼儿的学习与发展。对幼儿发展的评价，我们通过对幼儿在课程中的表现、能力的提升，来进行持续稳定的观察，我们也会鼓励教师通过观察、访谈、问卷等形式收集更多幼儿的发展信息，并将这些信息进行对比分析，从而做出更为科学、客观的评价。

"幼儿评价与指导"作为当今幼儿教师应当承担的专业责任，对教师提出了较高的要求。幼儿园需要通过多途径、多方式帮助教师提升对于评价结果的科学应用。一方面可以通过专家引领、共读分享、案例交流、现场共评、沙龙研讨、家园互动等多种形式，帮助教师积累评价反馈的相关经验。另一方面可以借助反思性实践帮助教师剖析指导的适宜性，教师在日常评价活动中，既是组织者也是评价者，同时还是反思者，多样的角色有效助推教师对评价结果的科学解读和有效应用。

江苏省海安高新区实验幼儿园　彭月华

"悦美"园本课程实施方案

【课程背景】

幼儿园课程实施的关键在于为幼儿创设丰富的活动情境、创设有利于幼儿自主活动的氛围,以及为幼儿提供各种互动的机会,并提供与其发展相适应的帮助。我园地处城乡接合部,师资具有一定的流动性,新教师较多,教育专业能力较欠缺,课程的执行力尚不到位。而幼儿们的家长文化层次较低,部分家长外出务工,隔代养育的状况居多,对子女的教育缺失、对家庭教育的重要性认识尚不到位。种种原因,致使幼儿园保教质量急待提升。根据园所实际情况,我们以培养"阳光自信、文明乐群、共享阅读、自主自理的快乐儿童"为核心目标,设置一系列符合幼儿发展的课程内容,注重家园共育,同时在课程的实施过程中有效渗透阅读特色,以促进幼儿身心的健康发展、教师专业能力的提升、家长教育理念的更新。

【课程主题】

悦读阅美,点亮童心

【课程目标】

1.注重家园共育,加强与家长的交流和沟通,提高家长的教育能力。

2.引导幼儿关注周围事物，培养幼儿热爱生活、阳光自信的生活态度。

3.积极运动，增强幼儿体质，提高幼儿的运动能力和安全意识。

4.运用多种方式开展早期阅读，培养幼儿的阅读兴趣和积极的情绪情感。

5.通过丰富的生活活动，培养幼儿自主自理能力，具备一定的责任心。

6.通过课程的实施，提高教师的专业能力。

【课程安排】

课程的安排强调课程的启蒙性、整合性和开放性，为适应不同年龄层次、不同发展水平幼儿的需要，分为共同性课程和选择性课程。

共同性课程以生活、运动、游戏、学习为幼儿园一日活动最基本的活动形态，强调综合教育作用，关注幼儿自身的兴趣、经验和需要，尊重幼儿的个体差异，激发幼儿积极主动地学习。具体内容见下表。

共同性课程

学期	月份	小班		中班		大班	
		月主题	周主题	月主题	周主题	月主题	周主题
第二学期	2—3	我喜欢	我不哭	花儿朵朵	花儿朵朵开	我喜欢我自己	我很棒
			甜嘴巴		快乐的植物		眼睛亮晶晶
			水果宝宝		求救的种子		团结力量大
			男孩女孩		变化的它们		美丽的四季
	4	猜猜我有多爱你	我爱你	有爱心的我	快乐礼貌的东东	书香伴成长	我喜欢书
			小手印		我的爱心		我喜欢的故事
			春姑娘		身边的危险		友好相处
			红绿灯		我是小能手		春雷轰隆隆

续表

学期	月份	小班 月主题	小班 周主题	中班 月主题	中班 周主题	大班 月主题	大班 周主题
第二学期	5	妈妈的宝贝	找朋友 滑滑梯 敬礼 小鸭要回家	奇妙的世界	有趣的雕塑 跳动的风娃 石头的故事 奇妙的森林	亮眼看世界	变色龙 我的妈妈 环保小卫士 我的家乡
第二学期	6	我长大了	我学会了 美丽的窗花 交通工具 小小演习	我们一起玩	爱的传递 快乐健康生活 快乐的我们 一起去旅行	再见幼儿园	运动小健将 回家路上 值日生 再见幼儿园
第一学期	9	我上幼儿园	开心幼儿园 老师好 朋友多 一起玩	升班了	亲爱的老师 中秋月儿圆 朋友多又多 心情变变变	了不起的我	新朋友，老朋友 一起过中秋 朋友真好 奇妙的朋友
第一学期	10	我真棒	好宝宝 送玩具回家 交朋友 我会说	我爱中国	中国解放军 中国消防队 祖国的交通 祖国的秋	我和我的祖国	祖国大家庭 祖国美如画 国粹京剧 我是中国娃娃
第一学期	11	我的动物朋友	动物真可爱 动物小榜样 动物一家亲 感恩的心	我的家	一家人 家门口 小主人 小客人	感恩的心	有趣的相反 神奇的复制 找不同 一样不一样
第一学期	12	我不怕冷	冬天到 找太阳 小雪花 迎新年	冬天乐	冬娃娃 雪花飘 晒太阳 过大年	冬天的秘密	拥抱冬天 触摸冬天 畅想冬天 玩转冬天

选择性课程以语言启蒙教育为主线，根据幼儿的年龄特征和身心

发展规律，以趣味性、启蒙性、生活性、整合性、渗透性为原则，通过多种方式的绘本阅读，培养幼儿阅读的兴趣和积极的情绪情感，并在阅读中发展幼儿的视听、语言、观察、思维、想象、审美以及表演表现等能力，为幼儿其他方面的学习打好基础。

另外，我们还注重开展亲子活动，有机渗透一些有趣的亲子互动，使家长在活动中更加了解幼儿，提高教育能力，更新教育观念。具体内容详见下表。

选择性课程

学期	月份	小班 绘本教学	小班 亲子活动	中班 绘本教学	中班 亲子活动	大班 绘本教学	大班 亲子活动
第一学期	9	《男生女生不一样》	垃圾分类，从我做起	《那只深蓝色的鸟是我爸爸》	废旧物品大变身	《我从哪儿来》	旧书义卖活动
第一学期	10	《我要上幼儿园》	垃圾分类，从我做起	《我和我的祖国》	废旧物品大变身	《我爸爸》	旧书义卖活动
第一学期	11	《猜猜我有多爱你》	感恩父母	《艾微的礼物》	感恩大自然	《我的秘密朋友阿德》	感恩身边人
第一学期	12	《春节的故事》	感恩父母	《萝卜回来了》	感恩大自然	《别碰我的蜂蜜》	感恩身边人
第二学期	2—3	《我爱妈妈》	同唱一首歌	《小真的长头发》	制作风筝、放风筝	《了不起的妈妈》	畅想我的梦
第二学期	4	《不许摸我》	同唱一首歌	《彩虹色的花》	制作风筝、放风筝	《云朵面包》	畅想我的梦
第二学期	5	《大卫不可以》	亲子讲故事	《南瓜汤》	亲子表演故事	《和爸爸一起散步》	亲子创编故事
第二学期	6	《抱抱》	亲子讲故事	《艾玛的化妆节》	亲子表演故事	《阿利的红斗篷》	亲子创编故事

【课程实施】

一、定期进行教师培训，夯实基础

为了提高教师的责任感和专业素养，我们从常规入手，定期对教师进行系统的培训。在安全方面，实行"四勤"管理，即勤排查、勤教育、勤演练、勤实践。例如：每周进行安全教育宣传、每月定期进行安全演练、每天安全隐患排查，抓实、抓细安全工作的各个环节。在卫生保健方面，我们会定期进行传染病预防的专项培训，扎实落实卫生保健、传染病防控制度等，坚持每周1—3次卫生消毒，建立幼儿健康监测机制、缺勤追踪机制，并与家园保持密切的沟通，家园共织安全防护网。各班还建立了"特殊儿童关注站"，制作爱心餐，加强对特殊儿童的护理。在教育教学方面，为了保证活动的质量，在活动开展前，各班级会认真研课，在充分了解本班幼儿发展状况的基础上，确保活动方案科学、合理，切实可行。

二、制订工作计划，有序、灵活组织教学

"悦美"课程将内容实施融合于幼儿的一日活动之中，不再拘泥于固定的学习形态，而是根据幼儿学习的需要进行整合，进而形成了一个完整的课程实施体系。为了保证课程的有效实施，我们会严谨地制订相应的学期工作计划、教学工作计划、主题教学计划、周计划、日计划。教师在开展活动时，需依据计划，有序、灵活地组织活动。

三、创新家园沟通方式，提高家长教育能力

由于我园的幼儿家长很多外出打工，我们对由祖辈教养的幼儿进行信息整理与收集，通过家访了解祖辈家长教育幼儿的情况，然后组织专家对祖辈家长开展专题讲座，并策划一些特殊的亲子活动，使这部分幼儿在活动中体验到不一样的关爱与呵护。我们也不断创新家园沟通方式，例如：充分利用幼儿园电子屏对幼儿在园活动进行宣传与报道，让家长对幼儿园一日活动有更多的了解。或者开展调查问卷，了解家长的困惑,通过线上与线下相结合的模式,对家长进行有针对性的指导,提高家长的教育能力。有时也会给幼儿布置一些亲子小任务,由家长协助完成,促进亲子之间的感情。

四、注重活动延伸,丰富幼儿体验

在园本课程的实施中,我们注重课程的延伸,生成了很多内容丰富的特色活动。

1.红色教育活动

在开展亲子活动时,我们延伸出"红色教育润童心"活动。我们将红色教育与德育有效结合,生成并开展了"红色故事会""红色作品展""红色运动会"等活动,让幼儿在唱、听、演、画中,感受革命烈士的爱国之心。

2.社会体验活动

我们在开展"垃圾分类"亲子活动时,生成了"小小志愿服务""我是小雷锋"等实践活动,让幼儿走进社区,体验为他人服务的快乐。紧接着又生成了"让梦想闪闪发光""彩绘梦想""放飞梦想"等讲述活动,让幼儿站在社区的舞台上讲述自己的梦想,锻炼他们的勇气。另外,我们还立足社区组织了"走近消防队,致敬火焰蓝""植树节爱绿护绿"等活动,为幼儿搭建深度学习的平台。

3.自主探究活动

在开展"美丽的四季"活动时,我们发现幼儿对秋天的柿子产生了浓厚的兴趣。于是,我们从幼儿的生活经验出发,追随幼儿兴趣的脚步,深挖课程内容,生成幼儿自主探究活动——幼儿们通过找柿子、摘柿子、做柿饼,在动手洗、切、晒、挂、翻与品尝分享中了解柿子,并体验到合作的乐趣,培养了探究精神。

4.幼小衔接活动

在常规教育中,我们意识到自主自理要从小班抓起,幼小衔接也要在"小"和"早"上下功夫。自小班开始,我们从时间管理、自助进餐、以大带小、自主游戏等方面，在一日生活中渗透自我服务、责任意识、规则意识、时间观念、交往能力、学习品质等各方面的培养，给幼儿赋能，培养幼儿各方面的综合能力，促使幼儿到了大班能够顺利进行幼小衔接。

【课程评价】

评价伴随着整个课程实施的过程，根据评价目的与内容的不同，综合采用观察、谈话、测评、调查、作品分析和档案分析等方法。

课程目标的制定，要能体现多元化、层次化，要注重促进幼儿情感、能力等的全面发展，评价课程目标的制定时，要关注目标定位是否明确、具体。

课程内容的选择要符合幼儿的兴趣、现实需要和发展水平，在评价课程内容时，要注意内容的选择是否围绕课程目标设置，是否体现出各领域教育的相互渗透，并兼顾群体需要和个体差异。

课程实施中，要特别关注师幼互动——教师是否善于观察幼儿、与幼儿关系是否和谐融洽、是否善于调动幼儿参加活动的积极性、语言是否简练和富有感染力、是否具备一定的临场应变能力等，这些都是评价课程实施的要点。

需要注意的是，对幼儿的评价，不只是评价幼儿掌握课程知识的情况，更重要的是评价他们在学习活动过程中的态度、方法、行为方式，各方面能力是否有所提升。

湖北省兴山县城区学前教育总园第一分园　万琼

"甬味"园本课程实施方案

【课程背景】

随着课程改革的深入和发展,幼儿园课程也涌进了改革的浪潮中。我园以《指南》为引领,以课题助推课程,在专家的引领及自我反思的调整中,基于我园的教育资源与相关理论,通过我园多年的探索,初步形成了"甬味"园本课程。"甬味"是宁波的乡土味,它包含宁波的吃、穿、住、行,囊括宁波的非物质文化。乡情由爱园、爱社区延伸至爱家乡、爱祖国,是一个由近及远的情感萌发过程。课程的核心理念是"细品'甬味',悦享乡情","细品"就是教师采用科学适宜的游戏体验式的教育方式,培养能说乐道、能玩乐探、能试乐动、能赏乐享、能感乐助的幸福儿童,"悦享"就是愉悦、悦纳、分享、共享。

【课程主题】

细品"甬味",悦享乡情

【课程目标】

1.通过"诵唱阿拉童谣,演绎方言故事,畅玩传统游戏,玩转非遗技能,品尝阿拉美食,游看宁波风景,点赞宁波变化",使幼儿在乡音、乡味、乡韵、乡情中感受祖辈智慧的结晶,体验乡土文化。

2.通过课程的实施，培养幼儿爱家乡、爱亲人、爱伙伴、爱自己的美好情感，乐做幸福儿童。

【课程安排】

"甬味"园本课程的内容主要包括两个部分，一是基础性课程，立足于提供幼儿终身发展所需要的基本经验；二是个性化活动课程，着重体现幼儿园课程个性化，根据实际情况，考虑发展特色和幼儿个性发展需要进行设置，使之形成我园个性化的风格和特色。具体内容见下表。

基础性课程一览表

学期	月份	小班	中班	大班
上学期	9	我上幼儿园	我是哥哥姐姐了	特别的我
	10	我爱我家	吃得香，长得棒	大中国
	11	秋天里	多彩的秋天	丰收的季节
	12	你好冬天	冬天里	迎新年
下学期	3	合家欢	我的家乡	宝贝真多
	4	春天里	拜访春天	神奇大自然
	5	感官游乐园	我来显身手	大玩家
	6	顽皮一夏	缤纷夏日	再见幼儿园

个性化活动课程一览表

小班	中班	大班
家乡老话	家乡老游戏	了不起的家乡名人
家乡童谣	逛逛菜市场	家乡的景
悦享周	悦享周	悦享周
"甬味"日	"甬味"日	"甬味"日
一起游家乡	家乡的桥	走进家乡非遗
阿拉运动会	阿拉运动会	阿拉运动会
家乡小吃	夸夸家乡	甬城文创

续表

小班	中班	大班
乡风民俗节	乡风民俗节	乡风民俗节

【课程实施】

一、以课题助推课程体系的建构

为了助推园本课程的建设，我们依据园本课题的研究成果，经历了萌发、积聚、拓展、深入四个阶段，逐渐建构了园本课程体系。具体内容见下表。

课程阶段	依据课题	成效
萌发阶段	《以阿拉童谣创设园本课程的实践研究》	1.通过说念童谣，幼儿能更好地认识事物、增长知识，促进幼儿语言表达、感知汉字、思维概括和认知水平等多种能力的提高。 2.幼儿丰富自身语言并感受家乡方言的优美，从通俗的儿童化语言中感受做人的道理，培养热爱生活、热爱周围的人和事的社会性情感。 3.丰富幼儿的童年，使幼儿的生活充满乐趣，促进幼儿和谐发展。 4.通过积极朗诵各种童谣，提高幼儿对学习、运动、游戏和生活活动的兴趣。
积聚阶段	《基于"阿拉小舞台"方言文化园本教学特色的实践研究》	1.开发、利用多种资源，开展多元有效的适合不同年龄段幼儿的方言文化园本教学特色活动，促使幼儿对方言文化在情感、态度、认知能力等各方面得到发展。 2.促进幼儿思考、认识自我及周围世界，为幼儿提供展示自我、提升自身能

续表

课程阶段	依据课题	成效
		力的舞台，培养幼儿热爱家乡的美好感情。 3.通过方言文化园本教学特色的持续实践研究，促进教师的专业化成长。
拓展阶段	《依托本土文化优势，演绎区域活动特色——以"庙会"为载体开展区域活动的实践研究》	1.通过庙会形式，了解本地的各种传统民俗活动，培养幼儿主动探索、自主学习的能力，激发幼儿热爱家乡的情感。 2.挖掘庙会中特有的适合幼儿园开展区域活动的内容（民间游戏、手工制作、传统点心等），丰富和拓展幼儿园的区域活动。 3.探索开展区域活动的方法和途径，提高教师创设区域活动的活动环境、提供材料、分析幼儿游戏行为的能力和水平，丰富教师的指导策略。
深入阶段		1.开辟特色种植园地，在亲身实践过程中感受家乡美食的历史传承。 2.开辟班级"甬味"特色区角，玩转宁波非遗，感受老宁波人的智慧。 3.结合时代需求，创想未来宁波的美好，感受做宁波娃的幸福。

为明确课程实施的规范与要求，教师在课程实施中要以幼儿为本，与家园密切合作。课程内容要与时俱进，不断依据幼儿的需求进行修正，确保课程内容的不断丰富。同时依据幼儿的年龄特点，为不断提升课程设置的科学性做好课程审议。课程审议以年级组为单位，组织教师开展广泛讨论，制订、调整、完善相应计划，而后由园部教研组进行进一步审核。需要注意的是，教师在活动的开展中，要能够随时发现问题，提升、优化课程实施策略与方法，为下一轮课程的实

施提供依据与准备。

二、细化课程目标，明晰课程思路

课程目标是课程方案的主要导向，在课程方案中处于核心位置，它是课程实施要达成的预期效果，是课程内容选择的依据，也是课程评价建构的指标。"甬味"课程以国家政策方针为导向，紧紧围绕"细品'甬味'，悦享乡情"主题，细化课程目标，为不同年龄段的幼儿提出了周密、科学的要求。具体内容见下表。

项目	年龄目标	小班	中班	大班
能说乐道	能听方言	能感受到方言的有趣，乐意倾听。	能听懂并乐意学习方言。	能听懂并运用基本的方言。
	乐说方言	1.能念简单的宁波童谣。2.能用方言说简单物品的名称。	乐意学习方言童谣，并基本能朗诵。	能朗诵较为复杂的方言童谣，发音准确。
	乐用方言	乐意开口学说方言。	乐意上台或在他人面前表演方言童谣。	乐意在生活中用方言与他人交流。
能玩乐探	能玩乡韵	学习初步的传统编织技巧，如绕、串等。	能够运用简单的三股麻花、绕、画等技巧制作物品。	能够基本掌握十字编织、平针编织技巧。
	乐探乡韵	对编织物品产生兴趣。	乐意探究编织的基本材料，并尝试使用多种工具开展编织物品创作。	乐意与他人配合，尝试通过不同的创作手法制作编织物品。
	乐亲乡韵	乐意向他人展示自己制作的编织物品。	了解编织是非遗文化，乐意向他人介绍展示编织物品。	在生活中愿意创作编织物品并运用。

续表

项目 \ 目标 \ 年龄		小班	中班	大班
能试乐动	能惜乡味	了解几种节日经常制作的家乡菜，并产生好奇。	初步了解一些家乡菜的制作方法。	能珍惜粮食，萌发对家乡菜的喜爱之情。
	乐试乡味	愿意品尝家乡的一些风味美食。	乐意和家人一起品尝家乡风味。	有自己较为熟悉和喜爱的家乡菜。
	乐制乡味	愿意参与一些简单家乡美食的制作。	乐意参与劳动，与家人一起体验制作家乡菜的过程。	积极参与美食制作，在制作的过程中动手动脑，感受制作家乡美食的奇妙过程。
能赏乐享	能赏乡景	初步感受家乡的建筑与景点。	对家乡特有的建筑感兴趣。	喜欢家乡，并乐意推荐他人来家乡观赏。
	乐游乡景	乐意跟随家人外出游玩。	初步了解家乡的一些知名建筑。	能准确说出家乡知名建筑的名称，并了解一些相关知识。
	乐享乡景	喜爱自己生活的社区。	愿意和家人一起走访观赏家乡的知名景点。	能够感受家乡景点带来的快乐与惬意。
能感乐助	能体乡情	在生活中初步感受家乡风情。	初步了解当地的节日风俗。	喜欢家乡，对未来生活有好奇和向往。
	乐感乡情	乐意了解自己的家乡。	初步了解家乡的一些有特色的人、事、物。	了解甬剧、宁波港口等宁波名片，为身为宁波人而感到骄傲，具有归属感。
	乐表乡情	能初步用口头语言等形式表达自己对家乡的喜爱。	能用自己喜爱的形式表现自己对家乡的所想所感。	乐意用多种形式表现自己对家乡的所想所感。

三、各项保障措施，确保课程实施的科学走向

1. 思想保障

为了不断深化幼儿园课程建设，幼儿园积极响应教育的课程改革部署，教研活动时刻围绕课程改革中遇到的问题展开，同时全园齐心合力，思想一致，在深入学习与思考如何将课程的内容和实施更多融入幼儿的参与的同时，充分认识以幼儿视角、幼儿需求为起点的重要性，深入反思、跟进思维、沉浸于课程，让课程持续优化。

2. 组织保障

我园的课程管理以扁平化的组织开展实施，园长作为课程建设与实施的主要负责人，与保教主任、教研组人员组成课程研修组，骨干教师组成课程研发组；后勤人员要保障与协调课程服务需求，并及时反馈问题。这样的组织机构要协调一致，及时对课程内容做出修正，以保障课程的落实。

3. 制度保障

根据园本课程建设的需求，我们制定了一系列制度。其中，层层落实的考核制度为我园各项计划与课程的实施提供了保障。考核内容结合课程建设的需求，每月要对各项内容进行汇总与追踪，确保课程实施的科学走向。

四、多途径实施课程内容，丰富幼儿的体验

1. 主题活动

"甬味"课程以构建幼儿爱家乡的行为与品质为主要理念，依据幼儿的需求与兴趣，我们不断生发出与乡音、乡景、乡情、乡韵相关的主题活动，使幼儿在深刻的主题活动中不断激发热爱家乡的情感。

2. 游戏活动

游戏是幼儿最佳的学习方式，我们依据幼儿的兴趣建构了丰富的游戏内容。在实施的过程中，随时调整并持续丰富游戏内容，不断刺激幼儿的学习兴趣与参与游戏的热情，激励幼儿持续性的探索行为。

3. 区域活动

我园要求每个班级开设五个以上区域，其中一个区域要突出"甬味"特色。结合幼儿的生活需求和班级资源，"甬味"特色区域每月要动态调整区域材料，使幼儿通过丰富的特色区域活动，拓宽学习内容，丰富认知经验。

4. 户外混龄游戏

户外游戏时间，各班要准备三种以上特色游戏器械，按场地分布开展户外混龄游戏，进行环形体育锻炼。尤其游戏的最后十分钟，幼儿可以根据自己的意愿，自由选择自己喜欢的当地民间游戏，感受民间游戏的魅力。

5. 专用功能室游戏

为了让幼儿体验更多游戏形式，培养幼儿的多样化兴趣，园内设有三到五个功能游戏室，以丰富幼儿的游戏与活动需求。功能室内开设有甬城工匠、甬味小馆、阿拉舞台、阿拉旅游等具有"甬味"特色的游戏内容，各年龄段每周都可以在功能室开展活动。

6. 社会体验活动

我们成立了"甬味"考察队，充分利用周边的社区与自然资源，挖掘家长资源，开展外出考察与实践活动。例如：结合幼儿的兴趣或结合当下的主题，组织幼儿去公园、博物馆、著名景点进行考察；或者组织家长加入，开展相关的亲子活动，进一步丰富活动的形式。

7. 种植活动

幼儿园开辟了种植园地，供各班开展与动植物相关的实验与活动。在这里，幼儿可以了解植物，亲近自然。结合"甬味"课程，为了提升幼儿的种植体验，种植园地请幼儿参与劳动，种植当季蔬菜，并在收获后和老师共同探讨如何制作具有家乡风味的菜肴，让幼儿在参与制作家乡菜的过程中，喜欢上家乡的味道，并体验劳动的幸福感。

8. 德育活动

培养幼儿的良好德行十分重要。在每个周五，各班级要开展一次相关的集体教学活动。小班侧重组织开展节约、环保、爱家乡的集体教学活动，中大班侧重组织开展与环保、爱家乡、诚信相关的集体教学活动，让优秀的道德观念根植在幼儿的幼小心灵，为幼儿一生的发展打好基础。

【课程评价】

良性的课程评价机制，是促进课程有效持续发展的动力。因此，我园一直致力于课程评价体系的科学性，注重对评价结果的审慎与及时反馈。目前我园的课程评价主要体现为多维度评价主体、多元化评价参与者、多途径评价方法。

参与课程者与课程本身可以作为评价的主体，课程中对于幼儿的评价可分为过程性评价和结果性评价两个层次。过程性评价更多是以教师、家长观察发现幼儿的成长与发展进行的评价，通过观察记录或幼儿成长档案等形式体现。结果性评价则以幼儿作品、幼儿阶段性能力测试等方式呈现。同时通过年级组展开的各项讲故事等活动，对幼儿开展即时评价，对幼儿的进步给予鼓励。

对教师发展的评价，分为短时与长时的评价。从短时评价可以了解教师的工作情况，发现问题并及时给予指导与修正；从长时评价可以了解教师某个阶段的成长轨迹，促进教师的专业化发展，提高教师的专业水平。

每个学期我们都会开展家长对教师以及幼儿园工作、课程实施等相关内容的民主评价，并将评价结果纳入教师考核范围，以此促进教师以及园所教育质量的提升。还会利用专家资源，邀请专家驻园指导，开阔园所园本课程建设的视野，丰富课程内涵，让我们在课改路上不断前行。

浙江省宁波市二轻第一幼儿园 戴亚波 葛维微 姚洁

"场馆"园本课程实施方案

【课程背景】

幼儿园的场馆(即专用室)是全园幼儿都能共享的教育资源,具备独有的育人价值,在运作中常常会陷入"分科分领域设置、各班轮流使用、学习难以持续和深度发生"等境地。这也引发了我们的思考:场馆应该成为一种什么样的教育空间?如何满足幼儿的多元兴趣和需求?如何让幼儿的学习得以整合、连续、深度地发生?是否可以整合发展的思路,让场馆具有促进幼儿全面发展的力量,潜移默化地开发幼儿的无限可能性……

我们选择美术作为整合发展的载体,因为美术是一项特点明显又富有包容性的活动。首先,多种工具材料支持幼儿自主探究、自主表达,能促发他们的认知体验、奇妙想象和创造能力。其次,美术活动的过程伴随精细动作、艺术审美的发生,是幼儿情绪得以抒发、宣泄的载体。最后,幼儿的天真烂漫适应"以美育德"的熏染,能在潜移默化中形成良好的社会性品质。因此,以美术为主线的场馆打造思路能切实承载"一条主线、多元整合"的教育构想。

玩是幼儿的天性,他们好动、好奇、好问、好玩、好学……这些也是他们与生俱来的成长力量。在场馆课程里,我们尊重幼儿天性,将"美术"作为整合多元发展的要素,通过投放开放性美术材料和工具,创设支持性探索学习的环境,设计以"玩"为主旨的场馆课程活动，让幼儿在玩中学、玩中做，在获得审美体验的同时，其心智的方方面面都有发展。

【课程主题】

以玩激趣，以美育人

【课程目标】

1.具有独立意识，能够主动参与并独立表达自己的意愿，成为自己学习的主导者，在构思设计、解决问题、创造实践、分享展示等一系列过程中自主建构和管理自己的学习。

2.愿意并喜欢参加活动，积极表达自己的兴趣和愿望，在自主参与、主动学习、体验探究、互助协作中享受童趣，获得满足。

3.喜欢观察、探索感兴趣的事物，会思考、会质疑、会实践，能运用材料、工具、同伴资源等创造性地解决问题和实现创意。

4.大胆设计并动手创造新事物，充分地表现自己的个性。

5.对探索有持续激情及持久耐力，遇到不确定情境和困难时，能够坚持不懈，即便是经受了打扰、挫折和失误也能保持专注。

6.能与他人合作、交流、协同学习，包括与不同幼儿、教师、家长等进行交流与协作。

【课程安排】

遵循《指南》和《纲要》精神，从学习品质、社会性、情感、认知等多方面整合发展出发，场馆课程总目标确定为培养具有自主、乐观、探究、创造、协作、坚韧品质的"慧玩·尚美"的幼儿。

围绕总目标，课程内容主要分为两类进行安排。第一类是场馆认知的内容，即幼儿进入场馆，先参观环境，了解场馆的区域安排、工具材料的投放等，然后在轻松愉快的互动中自主探究工具与材料，了解并掌握工具的基本使用方法，亲身感受工具的基本特征，掌握一定的技能技巧，为后续进行自主创作积累经验。第二类就是自主创作的内容，详见下表。

学期	主题类	绘本类	节日类	季节类	项目类
上学期	特别的我 梦想 动物乐园 我的家乡 轱辘轱辘 ……	《彩虹色的花》 《彩虹鱼》 《花格子艾玛》 《小兔子的连衣裙》 《三只小猪的故事》 《母鸡萝丝去散步》 《害羞的小哈利》 《白雪公主和七个小矮人》 《蚂蚁和西瓜》 《谁咬了的我大饼》 《幸福的大桌子》 《100层的房子》 ……	创意展 喜乐汇	多彩的秋天 冬天的秘密	生日蛋糕 我的朋友 车辆总动员 海底世界 好玩的 …… 奇奇怪怪恐龙 ……
下学期	我们这一家子 弯弯绕绕 虫虫飞飞 地球村 我的幼儿园 ……	《你是特别的》 《城里最漂亮的巨人》 《跑呀跑，逃呀逃》 《米粒的帽子变变变》 《我妈妈》 《我爸爸》 《我家是动物园》 《11只猫开饼店》 《不一样的卡梅拉》 《爷爷一定有办法》 《天生一对》 ……	花草节 达人秀	拜访春天 缤纷夏日	爱的礼物 我和好朋友的故事 神奇的 …… 迷宫 龙舟 机器人 礼物盒 ……

续表

学期	主题类	绘本类	节日类	季节类	项目类
说明	主要是指班级实施的主题课程在场馆内的延伸。	主要是指幼儿受场馆内投放绘本启迪所产生的创作内容。	主要是链接园本文化节的创作内容。	主要是幼儿运用材料表达自己对大自然季节变化的创作内容。	主要是幼儿自发提出、自主生成的个性化创作项目。
备注	课程设置为混龄，不分年龄段，各班级根据实际情况开展活动。					

【课程实施】

一、精心创设课程环境，投放多变的材料

我们注重选择适宜"玩"的场所，其面积要足够大，能容纳3—4张工作台，以及足够数量的材料和工具、一定数量的幼儿作品和半成品，为幼儿"动手创造、交流共享"提供足够大的空间保障，也便于开展一些需要联合创造的活动。课程空间应是专属、专设的，能够让幼儿安心、专注地持续学习，让幼儿的探究和创造变得更加有序和有效。

投放材料时，要注意投放低结构材料。因为低结构材料丰富多变、可操作，能够激发出幼儿更多的创造行为，可以发动幼儿、家长、教师，广泛收集生活中常见的低结构材料，以支持幼儿创造行为的不断产生。材料的形态、色彩、肌理等，应具有多种属性和层次性，可以满足不同幼儿的不同需要。

二、精心规划空间，营造自主"玩"的氛围

我们根据工具属性和工作流程来规划空间，让同类工具或同类操作在同一区域，以支持幼儿的专注学习，同时有效避免了相互干扰和安全隐患。

为了营造自主"玩"的氛围，凸显幼儿的主体地位，教师在场馆中更多是以"隐形支持"的方式保护幼儿自主探索的兴趣，协助幼儿在场馆中开展各种有益的尝试和活动。我们还张贴幼儿问题解决策略图、活动流程图等，支持幼儿自主开展学习。所提供的与材料相关的生活创意、绘本、视频片段、微课等丰富资源，又便于幼儿在解决问题和困难的过程中获得解决问题的方法，激发幼儿的灵感，满足了幼儿个性化学习所需。

我们还将幼儿的"故事单"以及在场馆里的创作过程的照片展示在场馆里，让幼儿随时都能看见自己的作品和他人的作品，这样的展示既是教师对幼儿创作的珍视，也会在无形中促成幼儿尊重和赏识的心理磁场，使每一个来参加活动的幼儿都能够放下顾虑，产生"我也可以"的创作兴趣和意愿，在活动中大胆创造，不断提高自主意识。

三、通过多彩活动，丰富幼儿活动体验

根据幼儿创作缘起不同，我们形成了"自发式活动、订单式活动、主题式活动、联动式活动"四种实施路径，凸显了"幼儿自主生成、幼儿自主选择、同伴互惠协作、馆际互助协同"的特点。

1. 自发式活动

指幼儿进入场馆后，受周围环境、材料、同伴作品等启迪，自主生发创作主题并开展的创造活动。自发式活动充分尊重和鼓励幼儿的兴趣，给予幼儿最大的自主选择权，即自由选择任意工具、材料，表现任意形态、内容的作品，并从中获得自我肯定和成就感。

2. 订单式活动

指幼儿自主选择"订单"，根据"订单"上的需求进行创作，并

在完成后将"成品"派送给"下单"人，接受"下单"人的评价反馈。订单是整个活动的核心和立足点，选择"订单"是幼儿对自己发起的主动挑战，"送单"后获得评价反馈，既是学习效果的评价检验，也是幼儿获得自我实现成就感的一种体验。

3.主题式活动

指大家围绕一个共同感兴趣的内容展开综合、广泛、拓展的创作活动，这种创作往往是一个"系统工程"。例如：以"家"为主题，师生在团体讨论中会派生出许多相关的子内容，有的幼儿想给爸爸妈妈做礼物，有的幼儿想做家具，还有的幼儿想做房子……这些不同的内容会以"家"这一主题为核心，联结为一个整体。

4.联动式活动

以一张"邀请函"打破馆与馆、材料与材料的学习界限，为幼儿提供一个解决问题、拓展思路的途径，幼儿不再只是在一个场馆创作，而是走出自己所在的场馆，以"材料+""场馆+"的形式与其他场馆进行互动联合，共同解决问题、实现创意。各场馆之间进行的联动，是对幼儿积极探究的一种引导，带给幼儿开放的思路以及创新解决问题的勇气与乐趣。

四、创新运行模式，丰富幼儿的学习经历

为了创新运行模式，场馆课程以混龄、混班的方式实施。

1.出班走馆

"出班"即师生走出班级，参与班级之外的学习体验。"走馆"即幼儿根据自身的兴趣选择不同的场馆学习。"出班走馆"的组织形式，突破了空间、年龄、角色身份的限制，把小朋友们整合成一个大集体，扩大了幼儿的学习交往圈，让他们有机会认识陌生的小朋友和老师，并自由组成新的合作团体，形成相互帮助、相互启发，合作共享、彼此包容理解的积极态度。

2.轮动编班

我们运用"轮动编班"统筹编排不同年龄段、不同班级的幼儿参加每一期、每一馆的活动。一期课程结束后，以轮动的方式重新编排班级进馆，确保"每班每一期都有新馆可供幼儿选择，每馆每一期都有新的班级幼儿加入场馆"，达到丰富幼儿的学习经历的目的。

3.三段式流程

一个创意就是一个项目，场馆借鉴高瞻课程"计划—工作—回顾"的学习模式，汲取项目学习法经验，以"构思设计·实践创作·分享回顾"三段式流程帮助幼儿实现自主创造。

（1）构思设计

幼儿根据自己的观察、经验与兴趣，用绘画的方式表达自己的创意设计（即计划）。计划是材料转化成某个作品的中介环节，它包含幼儿关于想做什么、用什么材料做，以及选择怎样做的具体思考，完成计划等于证明幼儿已经知道要做什么与做成什么样，他们后续的工作可以随之展开。

（2）实践创作

实践创作是幼儿对照计划，搜寻材料、使用工具、安排进度、实践创造的过程，也是整个活动中占时比较长的核心工作环节。伴随着创意的一步步实现，他们或是自主创作，或是联合同伴，综合运用科学、技术、工程、艺术和数学等知识与技能解决过程中的每一个问题。这种基于创造的动手实践，不仅能够促进幼儿对抽象知识的理解，还自然将幼儿卷入深度学习，促进知识的融合与迁移运用，幼儿也在与成人或同伴的交往过程中，就不同观点进行互动，发展着"美情、美智、美行"。

（3）分享回顾

幼儿尝试用自己的语言表达创作过程的真实体验，如"做了什么？是怎么做的？""遇到了什么困难，是怎么解决的？""和小伙伴是怎么合作的？"等。在回顾分享中，幼儿进一步明晰自己的感受并进行表达，锻炼了概括能力与自我表达的能力，与同伴分享出现的问题及解决问题的方式，促进彼此借鉴，加深理解。

【课程评价】

课程评价主要是对幼儿发展、教师发展、课程发展的评价。

一、幼儿发展评价

三位一体成长档案册，主要包括幼儿自评、家长点赞、教师激励。在场馆中以指向学习品质和习惯的"故事单"构成的幼儿场馆学习评价册，是以幼儿为主体，通过幼儿、教师、家长三方面参与，对幼儿在各个场馆的学习进行评价。幼儿在参加不同场馆后，就累积成了个人专属的场馆学习成长档案册。

教师激励性评价，主要包括回顾分享和积分兑换。在每次活动结束时，教师有意识地组织幼儿向大家介绍自己的作品，说说自己的创作思路，分享创作过程和成功经验，让每一个幼儿都有机会表达自己。积分兑换是指幼儿在场馆里每创作一件作品或是完成一个订单，就可以兑换相应积分，这是对幼儿创作的肯定和激励。积分的兑换规则是教师和幼儿共同商议制定的，如独立完成一件作品给予三个积分、完成一个订单给予四个积分等。

叙事性评价就是从美情、美智、美行等培养目标入手，利用文字、照片的方式记录幼儿学习过程中发生的故事，便于教师、家长一目了然地了解幼儿的发展足迹。

二、教师发展评价

1.课程设计评价

课程设计评价主要包括课程资源开发、内容设计两方面。场馆课程资源开发和内容设计都围绕着幼儿兴趣、需要和发展水平，以促进幼儿多方面经验建构为主的创造性开发和设计，以自评和他评的方式结合开展，详见下表。

幼儿园场馆课程设计评价表

教师姓名：　　　　场馆名称：　　　　评价时间：　　年　月　日

评价项目	评价要点	很棒	较好	加油
环境设计	1.创设充满"玩"味、蕴含"美"质、具有"启迪"的学习环境。 2.营造激励、支持、赏识的心理氛围。			
资源开发	1.挖掘身边资源，积极促进课程内容的丰富性和生活性。 2.运用研究的方法开展相关资源开发的体系研究。			
内容生成	1.以幼儿为中心，关注课程与幼儿兴趣、生活、发展之间的关系。 2.以欣赏、宽容、耐心的态度，敏锐观察与捕捉，有力助推有价值的课程内容的生成。			

2.课程实施评价

课程实施评价主要包括课程实施、师幼互动、评价分析三方面内容。课程实施主要关注组织机制对幼儿学习与发展的支持；师幼互动主要体现在场馆活动中教师能否观察幼儿，并根据幼儿需求及时互动；评价分析则是根据幼儿的活动情况予以的激励性评价，详见下表。

幼儿园场馆课程实施评价表

教师姓名：　　　　场馆名称：　　　　评价时间：　　年　月　日

评价项目	评价要点	很棒	较好	加油
课程实施	1.遵循基本流程组织实施，注重幼儿在活动过程中的学习与发展。 2.以幼儿为本，活动组织机制灵活。			

续表

评价项目	评价要点	很棒	较好	加油
师幼互动	1.介入时机适宜，能始终激发与维护幼儿的兴趣。 2.材料支持得当，为自主创造提供支持。 3.关注幼儿的全面发展与个性潜能的发挥，善于因材施教。			
评价分析	1.多元化评价幼儿活动，兼顾幼儿身心各方面的发展。 2.及时对活动进行自评与他评，及时反思。			

三、课程发展评价

1. 内部参与式评价

内部参与式评价主要通过幼儿、教师、家长三方面参与评价，包括幼儿兴趣调研、教师经验访谈、家长场馆体验。通过兴趣调研，了解幼儿喜爱程度；通过访谈教师，了解教师真实想法以及一路建馆的历程；通过邀请家长体验和调研，了解家长对课程的评价和建议，以此来调整和优化场馆的材料、环境、课程内容。

2. 外部诊断式评价

外部诊断式评价主要包括社区交流、学术引领、行政督导。指向的是利用园外力量开展的诊断式、指导式、评定式评价。社区交流是幼儿带着创作作品走向社区，进行义卖或者赠送活动；学术引领是在场馆课程开发过程中，邀请专家以观看现场、诊断反馈等方式进一步完善课程，促进课程的发展；行政督导就是每学期邀请区督导室不定期地走进幼儿园，了解课程的实施情况，作出有针对性的指导。

浙江省杭州市临平区教育发展研究学院 施林红

"向阳花"园本课程实施方案

【课程背景】

我园场地开阔，园内及周边资源丰富。在课题研究的道路上，教师的观念在转变，角色也在向研究者的方向转变。无论是幼儿、教师，还是园所、社会，都要求我们打造更好的发展平台，构建园本课程带动发展。

多年来，我园致力于绿色课堂、道德启蒙教育、生命教育的研究，先后经历了几个阶段的探索与实践。《纲要》也指出，幼儿园应从实际出发，因地制宜地实施素质教育。于是我们对这些年的研究历程进行梳理、创新和完善，以及对周边资源进行排查、整合，"向阳花"园本课程也应运而生。

"向阳花"园本课程蕴藏着我园多年来的"向阳"文化，"向阳"既是向心力的体现，代表着团队的力量与温暖，更是站在幼儿身心发展规律和学习特点的角度，让幼儿园课程更贴近生活，更生动有趣。人的生命是完整的、富有个性的、自由的，更是具有创造性的，我们期待"朵朵花儿向阳开"，师幼都能绽放属于自己的独特芬芳。

【课程主题】

朵朵花儿向阳开，花儿朵朵香满园，用爱的力量陪伴每一朵花儿绽放

【课程目标】

1.充分利用自然环境和社区的教育资源，扩展幼儿生活和学习的空间。

2.带领幼儿走出幼儿园，走向自然，在大自然这一"绿色课堂"中锻炼身体、学习知识、陶冶情操、培育能力。

3.在尊重幼儿身心发展规律的基础上，让幼儿通过游戏、实践等方式认识生命、感知生命，学习如何爱惜生命、尊重他人、珍惜资源。

4.把生命发展的主动权还给幼儿，使教育凸显生命的灵动，使课堂充满生命的活力，使集体充满成长的气息，使幼儿园成为生命的乐园。

【课程安排】

"向阳花"园本课程包括主题活动、自主生活活动。

主题活动是围绕开学、结束、季节转换等，就幼儿生活轨迹开展生命教育的品牌主题活动，具体安排如下。

开学、结束主题

年龄段	开学主题	结束主题
大班（上）	我们是大班哥哥姐姐	红红火火中国年（生成）
大班（下）	最后一学期	毕业季（生命教育）
中班（上）	我升中班了	热热闹闹过新年（生成）
中班（下）	你快乐，我快乐	热闹的夏天
小班（上）	入园礼（生命教育）	欢欢喜喜迎新年（生成）
小班（下）	相亲相爱一家人	小朋友的节日

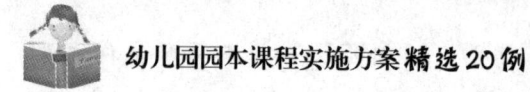

季节转换主题

年龄段	秋冬主题	春夏主题
大班	秋博会（生命教育） 拥抱冬天	我们在春天里 毕业季
中班	美丽的秋天 冬爷爷的礼物	我找到了春天 热闹的夏天
小班	秋叶飘 冬天到	花博会（生命教育） 愉快的夏天

其他备选主题

年龄段	上学期	下学期
大班	动物王国 自信的中国人	人们怎样工作 小问号
中班	健康周（生命教育） 我们都是好朋友 可爱的动物	生日会（生命教育） 我们身边的科学 我们居住的地方
小班	小孩小孩真爱玩 图形宝宝	我的故事 六个好宝贝

自主生活活动兼顾生活、运动、游戏等方面，关注幼儿的习惯养成、品格修养、身心健康、成长节律等各个方面，安排参考下表。

各年龄段幼儿生活活动要点

内容	学期	小班	中班	大班
生活自理	两学期	1.能愉快、安静地进餐，会自己正确使用小勺吃饭，不洒饭菜、不弄脏衣物和桌面；不挑食，吃完自己的食物。	1.学会饭前便后和手脏时洗手，并学会正确洗手的方法。	1.注意保持仪表整洁（头发、服装、鞋袜）。

续表

内容	学期	小班	中班	大班
生活自理	两学期	2.学会自己上厕所小便，不随地小便。 3.在老师的指导下，做完游戏后能洗手并拍掉身上的灰尘。 4.知道餐前便后要洗手，饭后能用毛巾擦嘴，洗手洗脸时不玩水。 5.独立按时入睡，安静就寝；在教师帮助下有次序地穿脱衣裤、鞋袜，并把它们放在固定的地方，学会折叠衣裤。	2.学习用筷子独立进餐，养成不挑食的好习惯，能干净地吃完自己的一份饭菜。 3.不将手指、杂物放在嘴里。 4.逐步养成勤剪指甲、勤理发的良好习惯。 5.养成早晚刷牙的习惯。 6.按时以正确的姿势入睡，能独立地、有次序地穿脱衣裤、鞋袜，并整理好后放在指定的地方；学习整理床铺。	2.不长时间近距离看电视。 3.不乱踩、乱爬桌椅，不乱涂墙壁。 4.在活动前后能及时增减衣服。 5.咳嗽和打喷嚏时会捂住嘴巴。 6.懂得保护眼睛和换牙的简单常识。
行为养成	上学期	1.来园及离园时会使用礼貌用语（早、再见、谢谢），在老师的提醒下学习打招呼。 2.能分清自己和幼儿园的东西，不把幼儿园的东西带回家。 3.在老师经常提醒下不吮手指，不咬手指甲。	1.初步学会自己脱衣服和折叠小被。 2.能爱护图书、玩具，用后放回原处。 3.自己的事情能学着自己做。 4.能专心投入活动。 5.在日常生活中能使用礼貌用语。	1.能完成成人的委托，愿意做力所能及的事。 2.懂得遵守公共秩序的道理。 3.会整理玩具和图书。

续表

内容	学期	小班	中班	大班
行为养成	上学期	4.愿意上幼儿园，在活动中情绪愉快。 5.在教师提醒下，能轻轻地搬椅子、积木。 6.在成人提醒下，不随地抛纸屑。 7.学习把衣服和鞋子放在指定地方。	6.逐步养成说话轻、走路轻、放东西轻的习惯。 7.初步学会关心老师、父母、同伴、集体。	4.有较强的求知欲，认真完成学习任务。 5.在日常生活中能使用礼貌用语，能注意听别人讲话，不随便插话。 6.对人热情，尊敬长辈。
	下学期	1.能按次序上下楼梯，不推人，不拥挤。 2.在老师提醒下，能拾起掉在地上的玩具，玩完玩具后放回原处。 3.学会做自己能做的事。 4.见到客人会主动打招呼。 5.在集体活动中，能按老师的指示行动。 6.能分清自己和别人的东西，不随便翻弄别人东西。 7.逐步学会折叠小毛巾和被子。	1.学会系鞋带，会整理图书、玩具，逐步学会做值日生工作。 2.对不会做的事愿意学习，做了错事愿意改正。 3.愿意为同伴、为集体服务，爱惜劳动成果。 4.别人问话时要有礼貌地回答。 5.知道集体活动时要按次序、不拥挤。 6.能做到走路轻、说话轻、放东西轻。	1.爱护环境、热爱大自然。 2.有集体意识和初步的集体荣誉感。 3.能有始有终地做力所能及的事。 4.能克服困难，独立完成学习任务，并体验成功的喜悦。 5.对人说话要和气。 6.性格活泼、开朗、自信。 7.敢于承认并改正缺点。

续表

内容	学期	小班	中班	大班
安全自护	两学期	1.懂得脏物、玩具不能放进耳、鼻、口中。 2.上下楼梯时不推撞同伴，不往下跳。 3.在老师提醒下，知道不能到危险的地方去玩。 4.了解日常生活中应当避开的危险事物和场所。 5.知道饮食、饮水、营养等多方面的保健常识。	1.能自如地玩大型运动器械，并能注意安全。 2.了解上下楼梯和乘车的安全知识。 3.在日常生活中做到手中拿东西和转弯时不奔跑。 4.认识常见的危险标志和信号，能较及时地做出反应。	1.具有自我保护的意识。 2.具有一定的躲避、防御能力。 3.运动时能注意安全，不给他人造成危险。 4.知道一些基本的防灾知识。

晨间锻炼活动玩法与指导

班级	活动项目	材料准备	玩法及指导
小班	椅子爬爬乐	小椅子	两张小椅子为一组，凳面相对，铺设小路，引导幼儿用爬、走等方式穿过小路。
	跳房子	圈	引导幼儿用双脚连续跳的方式跳过多个连续的小房子。
	彩色的小路	各种颜色的圈圈若干	根据铺设的圈圈进行双脚跳、单脚跳。
	桌椅组合	桌子、椅子	将桌椅组合后，进行爬、走、钻等技能的练习。
	小兔跳	游戏场地	双脚并拢往前跳。
	往返跑	两张板凳、彩带	以彩带为起跑线、板凳为终点。幼儿跑向板凳，手触摸板凳后返回。

069

续表

班级	活动项目	材料准备	玩法及指导
中班	跳圈	圈若干个	幼儿分两组比赛，练习跳的技能。
	观察、收集雨水	放大镜、杯子	幼儿穿好雨鞋、雨衣，带好放大镜，在石榴果园走一走，观察水滴落在植物身上的样子。可以用杯子采集雨水，给自然角的植物浇水。
	桌椅游戏	桌子、椅子	将桌子排成一排侧放在地上，椅子凳面相对铺成小路，幼儿进行钻、爬、翻越、跳等运动。
	花样玩软棍	软棍若干	将软棍按不同的形式排列，引导幼儿进行跑、跨、跳的游戏。
	桌椅乐	桌子、椅子	利用教室里的桌子、椅子，随意组合进行爬、跳、钻游戏。
	猜猜我是谁	铃鼓、手帕	一人拍铃鼓，一人蒙眼，其余幼儿围圆圈坐。当铃鼓响起来后，幼儿们开始传手帕，铃鼓声停后，请拿到手帕的幼儿大声说："猜猜我是谁？"蒙眼的幼儿进行猜测。
	八字跑	椅子若干	椅子和椅子间隔一定的距离，幼儿从起点绕八字跑至终点，回来跟第二个小朋友击掌，后面幼儿依次游戏。
	翻山越岭	椅子、桌子若干	凳子排成一排，桌子跟桌子靠紧，排成一排。桌子、凳子两排间隔一定距离。幼儿在凳子处排队依次踩上凳子（翻过山），然后从桌子底下钻过，游戏反复进行。
大班	拔河比赛	长绳子一根	把幼儿分成人数相等的两队进行拔河比赛。
	跳圈运粮	纸球若干个	幼儿站成人数相等的四路纵队，按四个方位站立。教师发令后，每队第一名幼儿单脚跳到中间圆圈里取出一个纸球，换另一只脚单脚跳回，与第二名幼儿击掌，后面的幼儿依次游戏，速度较快的队获胜。

续表

班级	活动项目	材料准备	玩法及指导
大班	狼入羊圈	头饰	一名幼儿扮演狼，其他幼儿扮演羊。音乐起，羊离开位置走，音乐停，羊回位，位置被狼抢走的羊变成狼。
	桌椅游戏	桌子、椅子若干	利用桌椅进行钻、爬、跳等游戏
	夹"包"跳	小纸球	全体幼儿面向圆心站在大圆圈外边5米处，说儿歌："小纸球，真正好，夹起纸球向上跳，一二三，用力抛，看谁得分真正高！"说完儿歌后，幼儿两脚内侧前部夹住纸球，跳跃前进至第二个圆圈线外，用脚夹紧纸球向前抛出。纸球落在中心得3分，每向外一圈少得1分。夹抛3次后算总成绩，得分最高的获胜。游戏可反复进行。

户外游戏活动规划

区域名称	场地	活动内容	场地布置或材料准备	备注
石榴果园	中班前的草坪	自由游戏区	画架、画笔、椅子、放大镜等	
向阳花海	小班前的围墙边	联合器械	各类定制器械	1.雨天不进行户外游戏活动，可以利用室内及长廊开展适宜的运动项目。
丛林秘境	野草地	银杏树下	书籍	
	厨房前	小树林	望远镜等	
农家小院	西边水泥路厨房后	小菜园	小农具、记录纸等	
		虫虫王国		
		农家乐	桌椅、厨房用具	

续表

区域名称	场地	活动内容	场地布置或材料准备	备注
艺术长廊	西围墙	小花园	绘画工具、自然物	
E字操场	大班前的草坪	组合器械	鞍马、大垫子、半月板、轮胎、平衡木、油桶等	2.各个区域的活动项目及材料的增添,设置专门的负责人,可视情况作相应调整,并能及时进行效果反馈。 3.各区域负责人负责本区域幼儿的安全,鼓励各区域间联动,丰富幼儿的游戏经验。
		玩车区	小车若干	
		休闲区	书籍、桌椅、画板、攀爬架	
		跳绳	绳子若干	
	中班前的塑胶地	碳化积木	碳化积木、安全帽	
	沙水区	沙水游戏	沙水工具	
	小班前的塑胶地旁	快乐滑梯	滑梯、绳圈	
	小班前的塑胶场地	民间游戏区	平衡木、手帕、沙包、摇摇椅	
	中班南北的草坪	棒球	棒球、围栏、衣服	
		组合器械区	攀爬架、组合平衡木、长椅子、垫子等	
	东围墙的一圈	小山坡、定制器械	各类定制器械	

【课程实施】

一、成立课程领导小组

我们成立课程领导小组,各司其职,确保课程实施的工作得以顺利开展。人员组成及分工见下表。

人员分工	主要职责
组长	把控课程方向； 指导课程方案的研制、课程质量的监控； 引领课程管理机制的变革。
副组长	研制课程方案； 调控课程实施中的人、事、物； 引领课程建设路径及实施策略的研究、保教质量的动态评估； 负责家长资源在课程建设中发挥作用。
资源保障组	协助生活板块的研究、实施、评估与管理； 指导课程实施中的幼儿的自我保健、保教人员的科学保育； 负责服务于课程理念、课程实施与教师发展的园本教研与课题研究； 负责幼儿园内外课程资源的开发与利用，建立幼儿园课程资源库； 全面统筹课程环境、物质等资源。
核心组	负责级组课程计划的审议及实施的质量； 负责级组课程实施水平、幼儿学习与发展的评估； 引领研究小组成员在相关领域的专业成长。

二、完善课程保障机制

1.考核制度

由教务处及教师组成月考核工作小组，结合每月考核重点进行考核。融合现场检查、资料检查等形式了解课程开展实效。

2.审议制度

我们对课程形成三级审议机制。

（1）班级每天自审

通过师幼对话、观察记录、分析作品等形式了解幼儿所得；通过自我反思、同事对话、家园对话等形式审议教师所教。

（2）级组阶段审议

在课程开展的前、中、后三个阶段以研讨的方式对课程进行审议，进而进行课程内容的调整。审议的形式可以多样，审议的目标要很明确。

（3）园级学期审议

在新的高度上帮助和支持教师，检验课程的教育价值，解决班级、级组无法解决的重点、难点问题，调配全园课程资源，并针对实际情况制定相关的解决策略。

三级审议的内容、形式虽然不同，但是目标是一致的，都是在发现问题、研究问题、解决问题的过程中明确课程的理念、目标和实施方法，都是为幼儿更好地发展提供服务的。

3.教师行为规范制度

为了确保课程实施的有效性，我们在课程实施中建立了教师行为规范制度，具体要求见下表。

板块	要求
计划制订	依据班级幼儿发展情况制订课程计划，并及时根据幼儿兴趣点生成新的主题课程。
备课	提前一周进行备课。一人主备，其他教师依据实际情况进行调整，要求留下修改痕迹。新教师备课必须写详案，为课程有效开展做好准备。
观察记录	能用文字、图示、影像等形式记录幼儿的行为，分析幼儿已有经验，为幼儿的发展、课程的开展提供有效支持。
活动组织	用适合幼儿年龄段特点的方式，有计划、有准备地组织每天的活动。

4.课程资源共享制度

幼儿园方方面面的事物和人员，需要不同层面、不同部门之间的相互配合、积极参与。我们以课程的开发、研究、实施作为工作的基本方向，一切管理服务于课程建设，一切以幼儿的发展作为出发点和归宿。在学期初审议及主题后审议时，我们会进行资源的盘点，采用表格罗列，建立课程资源共享机制，便于教师使用。同时对不同的教师提出不同的使用要求，具体参见下表。

教师分层	使用要求
新教师	运用资源库：了解"向阳花"课程资源库内容，能根据课程计划"抄方"使用资源库中的内容，在使用后留下反思痕迹。
成熟教师	解读资源库：熟悉"向阳花"课程资源库内容，能根据幼儿发展情况灵活使用资源库内容，保留修改建议和意见。
骨干教师	丰富资源库：参与课程方案建设及完善，梳理、调整、创新资源库内容，在保持资源库的稳定性的同时，给资源库注入新的活力。

三、读懂幼儿，科学推进课程的有效实施

"向阳"彰显着勃勃向上的生命活力，与我园"尊重天性，呵护童心，擦亮生命底色"的教育理念相符。在课程实施中，我们坚持遵循和体现以幼儿作为活动的主体，注重激发幼儿的能动性、自主性、创作性，使幼儿在亲历中获得相应的经验，并在幼儿自己发现和解决问题的过程中发展他们的能力。然后根据幼儿不同阶段的年龄特点，在课程结构示意图中，选择适合本班幼儿身心发展特点的课程内容，注意学期、月、周、日课程内容的均衡分布和课程内容之间的均衡衔接。

在课程实施中，我们着重梳理《指南》《纲要》中各年龄段目标，了解各年龄段幼儿的发展可能。在课程计划与幼儿发展目标之间建立联系，有目的、有计划地创设环境、提供材料，等待幼儿与环境材料发生互动。我们也非常重视教师观察的作用，在科学观察的基础上正确解读幼儿的需要，从而进行有效支持。我们还强调在每次集体备课前，各班必须在上周观察解读的基础上，拿出环境材料调整的文本，教师就材料与幼儿的互动情况进行研讨，找到调整、变更的依据，真正让环境和材料的备课改革落到关注幼儿兴趣、幼儿活动上来，将观

察落到实处，从而不断推进课程的有效实施。

【课程评价】

通过课程评价可以不断提升"向阳花"园本课程的质量，不断促进幼儿的发展。我们着眼于园本课程的发展，发挥评价激励性、能动性作用，注重幼儿动态的活动过程，评价主体呈多元化，杜绝以结果下定论。

1. 评估幼儿发展水平

对照《指南》和《幼儿园保育教育质量评估指南》（以下简称《评估指南》）的目标体系，通过多样的途径，结合平时的观察记录、与幼儿对话、幼儿在活动中的表现、幼儿作品展示等，在每学期末分析幼儿的发展水平，然后提供更适宜的挑战，帮助幼儿获得更高水平的发展。

2. 评估教师专业能力

依据《幼儿园教师专业标准（试行）》和《评估指南》，在学期末通过观察记录分析、半日常规调研、日常巡查、课程审议、家长问卷调查等途径，评估教师的专业能力，增强教师的反思意识和反思能力。

3. 评估课程实施的质量

教师是课程实施的直接行动者，也是课程评价的主体，我们重视教师的自主检查，鼓励教师通过自评发现实施课程的问题并及时调整。我们还组成园内、家长、第三方评价机构等多种他评机制，通过现场评价、资料评价、访谈评价等形式，了解幼儿在课程中的所得，从而对课程实施的质量作出客观的评价。

江苏省常州市新北区魏村中心幼儿园　陈华芳　夏玉文

"打击乐"园本课程实施方案

【课程背景】

幼儿时期是人生的启蒙阶段，这一阶段的经历将影响人的一生。在幼儿时期学习音乐，对幼儿的思维习惯、性格形成、动手才能、记忆程度都有很大的影响。《指南》中指出，要鼓励幼儿欣赏多种多样的艺术形式和作品，让幼儿倾听和分辨各种声响，引导幼儿用自己的方式来表达他们对音色、强弱、快慢的感受。

幼儿对音乐有一种特殊的敏感性，听到音乐就能舞动起来。节奏是构成音乐的第一要素，打击乐教学活动是幼儿园音乐教学活动的一个重要组成部分。每个幼儿都喜欢敲敲打打，打击乐就是幼儿这种与生俱来本领的一个延伸。幼儿园应走特色强园、特色兴园之路，于是我们把打击乐作为幼儿园的园本课程，从幼儿入园就开始进行熏陶，培养幼儿感受美、理解美、创造美的能力，提升幼儿的艺术素养。

【课程主题】

艺术熏陶，快乐演奏

【课程目标】

1.能够掌握一些常见的简单节奏型，知道如何运用各种节奏型的简单变化规律进行创造型表现。

2. 认识简单的乐器，乐于探索乐器的不同演奏方法。

3. 能够根据手势进行演奏。

4. 懂得配合，在集体演奏时能够有意识地控制、调节音色，让集体演奏更协调。

5. 乐于参加音乐活动，体验音乐活动的快乐。

【课程安排】

鉴于幼儿对节奏韵律的敏感性，我们从小班幼儿入园开始，便对他们进行艺术熏陶，安排了不同年龄段的课程，具体安排如下。

活动规划表

班级	学期	歌曲名称	目标要求
小班	上学期	《数鸭子》《大猫小猫》《美丽中国》《小狗抬花轿》《快乐的小海龟》	1. 积极参加打击乐活动。 2. 初步学习跟随乐曲进行打击乐演奏。 3. 学会倾听，不随便发出声音。 4. 学会用慢、快两种速度敲击乐器。 5. 能够集体保持速度一致地进行演奏。
	下学期	《春天》《欢乐舞》《小跳蛙》《巴郎巴郎》《小动物乐队》	1. 知道看指挥进行演奏，并能控制乐器的音量。 2. 认识木鱼，初步掌握木鱼敲击的方法。 3. 探索铃鼓敲和摇的方法。
中班	上学期	《小鸟之歌》《青蛙合唱》《魔法森林》《巡逻兵进行曲》《赶圩归来阿哩哩》	1. 幼儿能够专注地倾听教师的语言，并根据指令演奏乐器。 2. 探索铃鼓快、慢、中速的演奏方法。 3. 认识双响筒，学习双响筒的敲法。 4. 学习识图谱，尝试为乐曲设计打击乐简单的配器方案。
	下学期	《郊游》《欢乐颂》	1. 学习控制敲击动作的幅度，力求让乐器发出悦耳的声音。

续表

年龄段	学期	歌曲名称	目标要求
中班	下学期	《大鼓小鼓》《玩具进行曲》《木瓜恰恰恰》	2.学习用合适的力度边唱边演奏。 3.探索打鼓的敲击方法,掌握敲击的力度和敲法。 4.能够念出节奏谱,并拍出节奏谱。 5.学习简单的指挥动作。
大班	上学期	《去果园》《梦想家》《加油干》《音乐小屋》《小小军乐队》	1.学习看指挥调节自己敲击乐器的速度。 2.能够根据乐曲选择合适的乐器进行演奏。 3.学会自己制定指挥方案,并按照指挥方案进行指挥。 4.能够根据音乐的快慢变化拍出节奏型,并创编身体动作。
大班	下学期	《报春》《小酒馆》《小毛驴》《玩具进行曲》《打喷嚏的小老鼠》	1.认识钹,探索钹的止音方法。 2.探索如何用三角铁和铃鼓演奏出连续的长音。 3.根据老师的动作暗示,进行轮奏、伴奏、分奏、齐奏。 4.学会用打击乐器表现出乐曲中重音的方法。 5.能够集体配合,体验合作性活动的愉快。

【课程实施】

一、制定各年龄段对乐器的学习要求

由于幼儿各年龄段特点的差异,对各类打击乐器使用技巧的要求也不一样。对此,我们根据各个幼儿年龄段的发展要求,制定了详细的技能学习要点,确保教师能够科学、合理地组织打击乐教学活动,促使课程的有序实施。

各年龄段乐器使用要求

年龄段	学期	乐器	应掌握技能
小班	上学期	大鼓、小鼓、碰铃	1.能够独立使用大鼓、小鼓、碰铃,掌握其演奏方法。 2.知道要看指挥进行演奏。 3.通过拍小手,间接地掌握一种节奏型。 4.能控制好自己的乐器,不随意出声。
	下学期	沙蛋、响板、节奏棒	1.学会沙蛋、响板、节奏棒的演奏方法。 2.尝试用两种不同的乐器进行演奏。 3.能用沙蛋、响板、节奏棒为简单、短小的歌曲进行伴奏。 4.能够感知强弱、不同速度的节奏型。
中班	上学期	打棒、沙锤、木鱼、单响筒	1.掌握打棒、沙锤、木鱼、单响筒的演奏方法。 2.选择合适的节奏型为乐曲伴奏。 3.养成演奏时相互倾听的习惯。
	下学期	木砂筒、环保铃、沙筒	1.掌握木砂筒、环保铃、沙筒的演奏方法。 2.能够根据指挥的手势,开始、结束和变化演奏。 3.能够主动探索乐器音色不同的表现,并从中体验创造型演奏活动带来的乐趣。
大班	上学期	方梆子、蛙鸣筒、带把碰钟、高低梆子	1.掌握方梆子、蛙鸣筒、带把碰钟、高低梆子的演奏方法。 2.探索歌曲演奏动作。 3.能按照指挥的手势,进行快慢、强弱变化的演奏。 4.能在集体打击乐演奏中有意识地注意音色、音量和表情上与集体协调一致。

续表

年龄段	学期	乐器	应掌握技能
大班	下学期	三角铁、铃鼓、棒铃、双响筒、快板、鸟叫器、胡刮	1.掌握三角铁、铃鼓、棒铃、双响筒、快板、鸟叫器、胡刮的演奏方法。 2.学习看图谱，能用手拍出相应节奏。 3.尝试根据图谱和节奏型，设计出配乐方案。

二、注重创设艺术气息的环境氛围

幼儿喜欢敲敲打打，对节奏敏感并且感兴趣。我们充分考虑幼儿的这一特性，注重打击乐环境的氛围营造。比如，我们将各种音符、乐器悬挂在走廊上空，让旋转、跳动的音符呈现在幼儿眼前，给幼儿视觉上带来美的冲击，让幼儿在走廊文化中感受美、理解美、创造美。我们也会精心布置教室，使幼儿在艺术氛围浓厚的学习环境中感受打击乐的魅力，激发探索欲望。每个班级还都创设了音乐区角，教师利用废旧材料制作各种乐器，丰富材料的数量和种类，运用感受与感知、表现与表达、创编与创造、拓展与延伸的步骤，让幼儿在歌唱、律动、节奏、欣赏与表演等不同类型的活动中有效地学习音乐技巧，发展音乐智能。

有了物质环境的刺激，幼儿学习打击乐的兴趣被调动起来。教师在组织打击乐活动的时候，要注意和谐氛围是成功开展活动的基础，幼儿只有在愉快和谐的气氛中生活、学习，身心才能得到全面发展，情感才能得到满足。"敢想敢说、大胆表现"是我们一直追求的教学风格，在开展打击乐教学活动时，我们要求教师既是组织者、参与者、合作者，同时也是一位听众和观众。例如：在和幼儿一起做游戏、唱歌跳舞时，教师丰富的表情和夸张的动作引得幼儿们哈哈大笑，激起他们学习的兴趣；在拍节奏时，教师让幼儿自由选择拍打身体的某个部位，在热烈的讨论中，幼儿们开动脑筋，积极思考，不仅很好地体现了生生互动、师生互动，而且培养了幼儿的创造、创新能力，更加强了幼儿之间的合作能力，为下一步使用各种乐器演奏乐曲奠定了基础，也为打击乐活动的持续开展提供了各种可能。幼儿在和谐、稳定、自主且充满艺术气息的环境氛围中，不断提高了感受美、欣赏美、创造美的能力。

三、注重乐曲的选择和常规的培养

开展打击乐教学活动，乐曲的选择是重点。打击乐活动中要选择节奏分明的乐曲，最好是幼儿熟悉的童谣、民歌。在组织幼儿学习时，教师要注重引导幼儿享受不同节奏所表达出来的快乐，引导幼儿体验不同节奏的不同感觉，用边唱边打节奏的方式来练习和巩固。这样既激活了幼儿的思维，调动了他们的积极性，又使幼儿体验到了成功的喜悦。如果幼儿不能准确地打出各种节奏型，也就不能整齐协调地进行演奏活动，所以选择乐曲很重要，这是能否让幼儿在音乐中愉快享受的关键。

打击乐活动具有很强的操作性，幼儿通常表现得积极主动、情绪快乐，但由于幼儿好奇心强，自制力较差，拿起乐器就喜欢敲敲摇摇，容易不遵守课题常规。因此，在教学中建立良好的常规有助于活动顺利有序地开展。为了让幼儿自觉地去遵守常规，并激发幼儿的自主意识，通常教师会在活动开始之前，引导幼儿讨论演奏乐器的各种规则，如听音乐信号拿放乐器和交换乐器的常规、演奏各种乐器的常规、看指挥动作进行演奏的常规、演奏乐器时相互倾听的常规、活动结束后整理乐器的常规等。只有养成良好的打击乐常规后，活动才会更加有序，乐曲的演奏效果才能更佳，幼儿的兴趣也就更浓，注意力也更集中了。

四、在丰富的活动中提升幼儿的综合能力

在打击乐教学活动中，教师会结合幼儿年龄特点，设计图谱、配置乐器，让幼儿在摇一摇、敲一敲乐器的过程中，积极主动地与同伴

交流，发展幼儿对音乐的感受力和创造力，使幼儿在丰富多彩的打击乐演奏中获得生理上的快感和心理上的满足。

在打击乐活动中，我们常以趣味性的节奏游戏为载体，有效运用语言、体态、声势、歌唱等多种表现方式，诱发幼儿内在的节奏感，让幼儿在演奏活动中自然地动起来。当幼儿手、眼、脑、心并用时，会使大脑建立起复杂的神经联络，让头脑变得灵敏、聪明。

有时候，由于打击乐活动中的合奏、轮奏需要大家合作演奏，才能奏出优美的乐曲和悦耳的旋律，所以在开展打击乐活动时，我们很注重幼儿之间的相互合作。当幼儿一起演奏并不协调时，可以请幼儿试着用不同乐器，感觉高低音、强弱音及不同节奏，用不同的乐器打出不同的效果，然后经过多次反复的练习，使幼儿能够看着教师的指挥，用自己手中的乐器演奏自己需要演奏的那部分音乐。这个过程中需要幼儿高度集中精神和互相合作，别人在演奏时，自己认真倾听并做相关动作进行配合，大家共同完成旋律的乐器合奏，共同享受成功的喜悦。这期间，也在不断提升幼儿的交往能力、语言表达能力、倾听能力，促使幼儿综合能力的提升。

我们每学期都会开展两次汇报演出活动，为幼儿提供展示的平台。幼儿们在表演时，落落大方，表情丰富，他们自信、出色的表现，展示了幼儿在园学习的成果与风采，得到了家长们的一致认可。

【课程评价】

随着对打击乐活动的探索，我园幼儿在感受力、表现力、创造力方面进步很大。幼儿的听觉也日益敏锐，思维更敏捷，兴趣更广泛，创造力、想象力均得到长足发展。

我们每学期都会对各年龄段的课程进行评价。教学活动以自评为主，管理人员、听评教师是评价的参与者。课程评价从教师组织活动的乐曲选择、乐器使用、师幼互动、课堂常规、演奏效果进行观摩、点评，提出建议，剖析实施的过程与预定目标之间的差距，明确今后

努力的方向，改良、改善教育教学中发现的问题。评价方式则采取观察、谈话、作品分析等多种方法，认同不同年龄段幼儿特点的阶段性和差异性，避免用统一的标准衡量所有幼儿，多对幼儿自身的发展做出评价，然后对评价过程形成文字材料汇总到教研室，以支撑园本课程更好地实施与改进。

黑龙江省虎林市八五六农场幼儿园　何峰莉

"海洋文化"园本课程实施方案

【课程背景】

陶行知先生倡导"爱儿童、爱青年、爱亲友、爱人民、爱人类、爱自然、爱万物"和"诗化人生",其内涵就是"人与社会、人与自然"的和谐。我园滨临海边,不仅拥有厚重的自然和人文资源,也蕴含着历史积淀下来的浓厚多彩的海洋文化和渔业文化的意象特征。

我们结合地方资源,将蓝色海洋资源融入幼儿园课程,打造海洋文化特色环境,并积极进行海洋课程资源的有效挖掘、整合、利用,把地域优势转化为教育资源优势,以实现园内外教育资源使用的综合化和最优化,在实践反思中将"海洋文化"融入一日活动,形成园本课程,构建园所特色。

【课程主题】

海蓝润童心——让每一个幼儿在海蓝的润泽中绽放自己

【课程目标】

1. 构建幼儿园海洋文化办园特色,培养幼儿热爱家乡、热爱海洋的情感。

2. 积极开发园本课程,以海洋科学教育为主题,扩展幼儿对海洋生物、海洋环境、渔业习俗等各方面知识的了解,激发幼儿热爱自

然、探索自然奥秘的兴趣，并提高幼儿保护环境的意识。

3.创设海洋文化特色环境，让幼儿在与课程、环境、教师、社区、家长的互动中，发展对海洋文化的认知、情感和能力。

【课程安排】

针对海洋文化园本课程的开展和实施，我们提前进行课程框架构建，做好大计划，从细节切入，持之以恒地、有序地按照计划实施课程。具体安排见下表。

"海洋文化"课程内容一览表

学期	月份	小班	中班	大班
上学期	9	我认识——海带、海星、扇贝	我认识——海鱼、石花菜凉粉	我知道——神奇的海水、渔家习俗
	10	我会折——海龟、海马	我会做——螃蟹、鲸鱼	我会画——大海里的朋友
	11	我会玩——捉龙虾、小鱼找朋友	我会玩——小鱼吹泡泡、海龟爬	我会玩——渔夫捕鱼、剁海带
	12	我会说——枯叶鱼、鲽鱼	我会说——海星、小浪花	我会说——海底世界真美丽、海之美
	1	我会唱——《小螺号》《浪娃娃》	我会唱——《划船歌》《让我们荡起双桨》	我会唱——《外婆的澎湖湾》
下学期	3	半日活动——半月湾海边半日游	半日活动——海边的春天（写生）	半日活动——我是海洋小卫士（环保宣传）
	4	我会讲——骄傲的小鲸鱼	我会讲——天使与海豚	我会讲——小溪、河流与大海
	5	我会讲——带鱼和鲨鱼	我会讲——小螃蟹的大剪刀	我会讲——请爱护海洋环境
	6	海洋文化节（环保时装秀）	海洋文化节（科学大舞台）	海洋文化节（童话剧表演）

【课程实施】

一、充分布置环境，感受海洋文化

《指南》提出：幼儿艺术领域学习的关键在于创造条件和机会，在大自然和社会文化生活中萌发幼儿对美的感受和体验，丰富其想象力和创造力，引导幼儿学会用心灵去感受和发现美，用自己的方式去表现和创造美。我们把班级环境布置成"海洋世界"，在布置环境的过程中，幼儿们积极参与并提出自己的想法。在幼儿们的脑力风暴下，我们把教室的墙刷上海洋的蓝色，然后装饰添加了海边的景象。于是，报纸团变成一个个贝壳，小树枝杯摆成珊瑚，矿泉水瓶盖巧妙地装饰成海浪。为了使环境更加逼真，我们还弄来一些沙子铺在主题墙下面形成海滩……幼儿们每天身在其中，犹如身处海洋之中。

二、巧用海洋自然物，激发幼儿创造美的情趣

海洋中物质丰富，形态各异，色彩斑斓，极富有想象的空间。我们利用各种海洋物质本身的特性，引导幼儿进行创作，充分开发幼儿的想象力，实现幼儿对美的自我创造。比如：海石是圆的、海沙是细的、海水是流动的、海贝拥有各种形状……这些物质形态都会在幼儿头脑中留下感觉表象。我们就利用海石圆滑而又有凹凸的特点，引导幼儿创作表现各种表情；利用海沙细腻的特点，引导幼儿在灯箱上堆积不同厚度的海沙，展现出不同的光影效果……幼儿在活动中兴趣盎然、积极主动、创意不断，在享受成功体验的同时，不断创造美，提高审美情趣。

三、挖掘海洋优势资源，丰富特色活动

海洋物质丰富，取材容易，我们充分挖掘海洋的优势资源，开展了丰富的特色活动。比如：利用海沙遇水容易塑形的特点，开展各种造型活动，幼儿可以建沙雕、可以建海底隧道、可以制作蛋糕；利用海水溶解性的特点，开发水墨画课程，幼儿们创造出了一幅幅美丽的

水墨画,丰富了美术课程内容。幼儿在以海洋物质为载体的美术学习活动中,既受到了美的熏陶,又激发了好奇心,增强了幼儿的探究欲望。

四、挖掘海洋文化,丰富幼儿认知

得天独厚的地域造就了这里的独特民俗,我们利用当地民俗延伸出许多美术活动内容,例如:用剪纸手艺来表现当地服饰特色,用刺绣的方法展现出服饰上美丽的吉祥图案。经过时间的积累,幼儿们有了丰富的经验,还自发组织了"时装秀"展示自己的作品。在感受美的过程中,不断提高幼儿的观察力、创造力与表现力。

渔船、码头、造船厂这些海边日常能见的场景也成为幼儿创作的源泉,他们在角色区还原渔船、码头、造船厂的工作场景,还对他们使用的工具进行更新改造,作品虽稚嫩却是体现幼儿发展的一种轨迹。我们还挖掘海的传说——《精卫填海》,融入品格教育,培养幼儿勇敢、坚强、坚持的品质。

五、整合资源,全方位构建课程

我们充分利用社区资源、家长资源,将特色资源请进来,全方位建构课程。例如:我们会在保证幼儿安全的前提下,在春季组织幼儿春游活动;在海边散步,进行沙塑比赛,在海边开展运动项目;秋天组织海文化特色的亲子运动会;冬天做保护海洋资源的文艺演出活动。

海边因为有很好的社区资源,我们会组织幼儿去观摩渔民的生活或打鱼技巧,培养幼儿对一些渔业习俗的认知。再加上对家长资源的利用,从事海洋事业的家长在每次开展活动前都会充分准备,在活动中向幼儿讲解海洋知识,从而激发幼儿保护海洋、保护环境、热爱家乡、热爱海洋生物的情感。

六、活用散页，提高课程的灵活性和多变性

在课程开展过程中，我们采用了散页课程，提高课程的灵活性和多变性。我们将适应不同年龄段幼儿的特色课程，装订成册形成独立的园本课本，并把课本以散页形式体现出来，例如认识海洋生物就将单个海洋生物塑封成单页的操作纸，这样可以单独使用也可组合使用。这种单页操作的好处是，教师使用更灵活，幼儿操作更方便，还可以投放在区角中，如益智区、美工区、语言区、角色区，以丰富各个区角的游戏材料。

【课程评价】

课程评价的核心目的是促进幼儿发展。我园开展的"海洋文化"园本课程，基于以幼儿为主体的课程结构、基于对教师的课程组织能力的培养、基于海洋文化特色活动的有效开展，整合多元化资源形成园本特色课程体系。

幼儿是课程实施中最重要的评价者和参与者，幼儿作为第一评价主体，我们会尊重幼儿表达的对课程的看法，以促使我们不断更新理念、提高课程建构能力。

教师是课程的主要编制者和实施者，教师通过对幼儿行为、环境材料、活动组织等内容进行分析与评价，不断调整和完善自己的教育行为，使之适合幼儿学习。

家长在课程中不仅是教师的合作者、幼儿生活的协助者，也是课程的观察者和评价者。家长可以通过记录幼儿成长档案、公众号平台、班级群、参与调整主题活动方案、反馈主题活动信息等方法参与课程评价，使我们的课程在多方互动中进一步完善并走向深入。

山东省威海市环翠区半月湾幼儿园 徐媛媛

"文学启蒙"园本课程实施方案

【课程背景】

　　幼儿园文化建设是幼儿园之魂,它代表了幼儿园的精神内涵,体现了幼儿园的办学理念,它是形成幼儿园办学特色和优质品牌的关键所在。文学被称作人类的精神家园,对幼儿来说,文学是他们成长的精神摇篮,可以滋养其精神世界,绽放出绚丽的花朵。我园在十几年不断的应用实践与研究中,生发了文学启蒙教育品质活动园本课程。我们把幼儿文学在幼儿一日活动中进行渗透、融合,不仅使园本课程逐渐丰富起来,还引发了多个领域的课题研究,如"儿歌在幼儿一日常规中的应用研究""幼儿文学在小班美术活动中的实践研究""科学绘本在大班科学活动中的运用研究"等,这些研究成果促使我们的"文学启蒙"园本课程更加完善、科学,提升了课程品质。

【课程主题】

　　文学启蒙、润物无声、快乐成长

【课程目标】

　　1.积极在幼儿一日活动中渗透幼儿文学启蒙教育,潜移默化影响、感染幼儿,滋润幼儿心灵,同时提升教师文学素养。

　　2.用生动的文学形象,引导幼儿感受、体会、感悟角色行为,培养幼儿养成良好的行为习惯，形成健全的人格。

3.在课程实施过程中不断加强园本教研，保障与提升文学教学活动与场馆游戏活动等教学活动的品质。

【课程安排】

我们从幼儿一日生活中的"听、念、讲、读"四步曲、红色经典故事会、文学集中教学活动以及场馆自主游戏活动等方面构建课程。"听、念、讲、读"四步曲，每天定点进行，具体安排见下表。

"听、念、讲、读"四步曲安排表

模块	内容	时间安排
"听、念、讲、读"四步曲	听：诗歌、美文……	每天入园晨检时，幼儿园播放诗歌、美文……
	念：童谣、诗歌、美文……	喝水、洗手或过渡环节，念童谣、诗歌、美文……
	讲：儿童故事、童话故事	午睡前，教师讲儿童故事、童话故事，使幼儿快速入睡。
	读：幼儿自主阅读绘本	每天离园前，幼儿进行绘本自主阅读。

红色经典故事会，在每周五的8：45—9：15进行，要求全园幼儿参与，安排见下表。

红色经典故事会活动安排表

1.故事（学雷锋日）：《我叫解放军》	7.故事：《小萝卜头》
2.清明节的故事	8.绘本：《江姐》
3.端午节的故事	9.故事：《重庆大轰炸》
4.建党节节日故事：《那个时候》	10.欣赏：重庆白公馆
5.建军节节日故事：《我爸爸是军人》	11.绘本：《雷锋的故事》
6.国庆节节日故事：《我爱五星红旗》	12.绘本：《一个苹果》

续表

13.绘本：《英勇不屈的刘胡兰》	22.红色经典故事：《草原英雄小姐妹》
14.绘本：《黄继光》	
15.绘本：《邱少云》	23.红色经典故事：《鸡毛信的故事》
16.绘本：《王二小》	24.红色经典故事：《小兵张嘎》
17.绘本：《董存瑞炸碉堡》	25.红色经典故事：《丰碑》
18.绘本：《狼牙山五壮士》	26.红色经典故事：《烽火卢沟桥》
19.红色经典故事：《少年游击队》	27.绘本：《美丽大中国》
20.红色经典故事：《小交通员潘冬子》	28.绘本：《我是中国人》
	29.绘本：《闪闪的红星》
21.红色经典故事：《长征路上的红小丫》	30.红色经典故事：《勇夺泸定桥》
	31.红色经典故事：《小英雄雨来》

集中教学活动在各班级进行，主题有美丽大自然、可爱动植物、特色家乡、生命与爱、伟大祖国、我长大了、过节了、文学真好玩，具体安排如下表。

文学集中教学活动安排表

主题	年龄段	童话/故事	美文	童谣	诗歌	绘本
美丽大自然	大班		《春风娃娃报信》	《春天来了》《夏天》	《风》《秋风娃娃》	《变幻的四季》
	中班		《草原的夏天》	《春雨》	《冬》《春天》	《四季》
	小班		《四月的雨》	《冬公公》	《绿绿的树，蓝蓝的湖》《树阿姨染发》《星星和花》	《会跳舞的四季》
可爱动植物	大班	《鹤与鸡》	《窗外的二月兰》	《黄鹂唱歌》	《小鸟音符》	

续表

主题	年龄段	童话/故事	美文	童谣	诗歌	绘本
可爱动植物	中班	《蝴蝶风筝》	《白蝴蝶》		《爱读诗的鱼》	《好忙的鸟儿》
	小班	《聪明的小羊》	《捉螃蟹》		《黄叶》	
特色家乡	大班		《油菜花开》			《重庆寻宝记》
	中班	《乡下老鼠进城》		《张打铁》		《老茶馆》
	小班		《闹花灯》	《过年》		《奶奶，买炸酥肉》
生命与爱	大班	《妈妈，我很丑吗》	《我最喜欢春天》	《鸟蛋少了》	《再见，我的树妈妈》《家》	《再见爷爷》
	中班	《马丽奶奶的圣诞节》	《树和喜鹊》	《木耳》	《萤火虫》《小树谣曲》	《地道》
	小班	《蒲公英和好娃娃》	《冬娃》	《小酒窝》《小尾巴》	《芽苞》《妈妈》	《等一朵花开》
伟大祖国	大班			《亲爱的祖国多么大》	《我是中国娃》《我骄傲，我是中国人》	《我的祖国》
	中班	《我的家叫中国》		《画国旗》《国徽》	《少年说》《祖国妈妈真漂亮》	《我和我的祖国》
	小班		《祖国妈妈我爱您》	《中国，我爱你》《祖国妈妈真漂亮》	《我们爱祖国》	《我是中国人》

续表

主题	年龄段	童话/故事	美文	童谣	诗歌	绘本
我长大了	大班		《放学路上》	《扣眼和纽扣》《小蝌蚪》	《生日》	《我长大了》
我长大了	中班	《蜘蛛老鞋匠》	《种子》	《自己来》《好孩子》	《自己去吧》	《长大这件事》
我长大了	小班	《小的，小小的，小小小的》	《生日蜡烛》	《小皮鞋》《小手乖乖》		《我要快点长大》
过节了	大班	《中秋节的故事》		《十二月子》	《九月九》	《爷爷变成了幽灵》
过节了	中班			《春节》	《元旦节》	《我们的首都》
过节了	小班	《年兽的传说》			《国庆节》	《端午节》
文学真好玩	大班	《爱笑的鲨鱼》《六个矮儿子》	《中国结》	《十二生肖》《十二花名歌》	《春妈妈的三个小姑娘》《问银河》《圆圆和圈圈》	《千万别去当海盗》
文学真好玩	中班	《春天的电话》	《调皮的太阳》	《公鸡荡秋千》《夏天的太阳真顽皮》《洗脸》《小猴子照镜子》	《风在哪里》《如果我是一片雪花》《小小的船》《捉迷藏》	《三只山羊嘎啦嘎啦》

续表

主题	年龄段	童话/故事	美文	童谣	诗歌	绘本
文学真好玩	小班	《小兔子乖乖》	《小雨点》《星星》	《荡秋千》《花儿笑》《小鸭子》《折纸船》	《宝宝的梦》《红叶》《过马路》《公鸡》	《哎呀呀，这可真是太好了》

文学场馆游戏活动，幼儿分班级选择参与，教师根据月主题、周主题以及幼儿活动情况自行设计游戏活动方案，具体安排如下表。

文学场馆游戏活动安排表

文学场馆（7个）	学期	月主题	周主题
静赏雅居（欣赏馆） 爱阅悦听（阅读馆） Y诵后苑（朗诵馆） 迷乐宫（戏剧馆） 巧嘴巴（讲述、辩论馆） 我最棒（演艺馆） 创美艺坊（创作馆）	上学期	伟大祖国（9月、10月）	我是中国人
			祖国妈妈过生日
			祖国真美丽
			多彩民族
		我长大了（11月）	生日快乐
			身体的变化
			能干的我
			我的优点
		过节了（12月）	传统节日
			新年快乐
			过春节
			大拜年
		文学真好玩（1月）	快乐诗歌
			优美美文
			有趣故事
			文学联欢会
	下学期	美丽大自然（3月）	春天来了
			快乐播种

续表

文学场馆（7个）	学期	月主题	周主题
静赏雅居（欣赏馆） 爱阅悦听（阅读馆） Y诵后苑（朗诵馆） 迷乐宫（戏剧馆） 巧嘴巴（讲述、辩论馆） 我最棒（演艺馆） 创美艺坊（创作馆）	下学期	美丽大自然 （3月）	魅力四季
			保护环境
		可爱动植物 （4月）	飞来飞去
			游来游去
			摇来摇去
			花花世界
		特色家乡 （5月）	美丽家乡
			家乡美食
			红岩革命
			我爱家乡
		生命与爱 （6月）	关爱动植物
			感恩的心
			亲亲一家人
			生命的奥秘

【课程实施】

一、注重园所环境文化的营造

我们注重打造"文学启蒙"特色的园本环境，彰显处处有阅读、处处有文学。

1. 重视"阅读"环境的创设

我们立足园所创建的幼儿绘本自主阅读室，这里就像一个小型图书馆，全园幼儿可以根据兴趣自主在这里进行阅读。我们还在各个班级创设了阅读区角和"文学启蒙"班级主题墙，让幼儿在日常的学习环境中潜移默化地感受文化气息。而园所里的走廊、角落也被我们充分利用起来，灵活设置了可供阅读的小空间，利用幼儿喜欢的形象布置书柜，这里成了幼儿与家长开展亲子阅读的场所，阅读氛围浓郁。

2. 巧用展示墙，激发幼儿的阅读兴趣

我们精心布置了园内的一片围墙，使之成为幼儿作品的展示墙。这里摆放着一次次活动的精彩照片，幼儿们相互欣赏，体验成功感的同时，通过同伴的影响，促使更多幼儿对阅读产生兴趣。

3. 创建文学场馆，体验丰富的活动

园所打造了七大文学场馆，各个班级可以灵活使用场馆，确保幼儿每天都有丰富多彩的"文学启蒙"教育活动、游戏活动。在各个文学场馆中，幼儿们可以充分地展示自己，如朗诵、表演、创编故事，或开展故事讲述大赛，在丰富多样的活动中提高幼儿的综合能力。

二、打造幼儿文学与五大领域"融合"教学特色

在课程实施中，我们有效融合五大领域教学要求，形成独具特色的分领域的文学启蒙教育活动。例如：诗歌与美术领域融合，我们开展了"月牙""送颜色"涂色活动、"白帆""星星和花"绘画活动；童谣与音乐领域融合，我们开展了"小鸡""小猴照镜子""太阳好处不平常"等音乐活动。在童谣的帮助下，幼儿可以很好地理解和掌握四四拍、四三拍等音乐节奏，同时这些节奏又能帮助幼儿更好地进行朗诵阅读，增加了活动的趣味性，提升了幼儿的活动兴趣。又如：利用童话故事与科学、数学领域融合，我们开展了"两个月亮""小的、小小的、小小小的"教育活动，使幼儿在活动中学习知识，培养其探索精神。

三、重视教师团队建设，提升专业能力

在课程实施中，总会遇到这样或那样的问题，我们注重教师团队专业能力的提升，通过一系列措施促进教师专业化成长。例如：我们每月开展"读经典"活动，鼓励教师走进幼儿文学。然后建立小组团队，发挥团队互帮互助以及相互影响的作用，彼此分享各自的经验与技巧。我们还积极鼓励骨干教师示范教学，发挥引领作用，然后组织教师进行研课磨课、同课异构集体研讨，以提升教师们的教学能力，

增强教师进行课程设计的信心。

四、紧密家园沟通，助力课程建设

家长是幼儿园重要的合作伙伴，我们紧密家园沟通，邀请家长跟我们一起建构课程。我们会结合重大节日，一起策划文学场馆亲子活动，在场馆活动中引领家长感知园所文化与教育理念，产生认同感，从而更好地实施家园共育。我们还创设了"家庭阅读指导"亲子品牌活动，在固定月份，教师走进家庭，和家长一起搭建亲子阅读环境，培养幼儿的阅读习惯。还组织家长和幼儿进行户外文学创编活动，家长在活动中不仅体会到父母陪伴的重要性，还感受到幼儿文学对幼儿良好习惯、学习习惯培养的桥梁作用，从而更好地在家践行亲子阅读。

【课程评价】

幼儿园课程是一个动态的过程，课程评价关注课程实施的方方面面，不仅注重幼儿在课程中的感受和收获，还重视教师在课程实施中的成长。我们会通过所有的文字资料、图片资料、活动效果来围绕"幼儿发展与教师成长"的核心展开客观、科学的评价，在分析成果的同时对下一步规划作出部署。现阶段，幼儿的倾听、讲述、朗诵、表达、阅读、表演等习惯与能力都有了明显的转变与进步，幼儿更快乐、阳光与自信。教师在课程实施中的态度积极、行为明确，课程的设计能力有显著提高。这些成就都是基于精彩的活动、客观的评价，才使得幼儿与教师在课程实施中不断矫正和提高自己，享受快乐、体验收获。相信我们"文学启蒙"园本课程在日后会有更大的发展，师幼在愉快的课程氛围中可以一起感受生活的美好！

陆军军医大学第二附属医院幼儿园　霍宇　陈瑶　杨惠

"文化润德"园本课程实施方案

【课程背景】

文化是一个国家、一个民族的灵魂。幼儿园文化育人不仅有助于培养体智德美劳全面发展、身心健康的幼儿，还可以更好地推进学前教育改革发展，加强和改进学前教育。我园在深入开展中华优秀传统文化园本课程、践行和弘扬社会主义核心价值观的过程中，形成了风清气正的园风，用传统文化滋养师生心灵，影响、熏陶、教育幼儿品行，全面提升了保教水平和育人质量。

优秀传统文化是文化自信之"根"，文化自信从娃娃抓起。我园立足幼儿发展需求，通过"过传统节日，扬道德风尚""玩传统游戏，悟优秀文化""讲红色故事，激爱国之情""唱红色歌曲，传精神力量"四个维度的红色传统课程，让中华优秀传统文化独一无二的理念、智慧、气度和神韵等成为植根幼儿内心深处的精神血脉和文化素养，激发幼儿内心深处的文化自信和民族自豪，培养出有中国根、中国心和中国情的"中国娃"。

我园在园本课程建构和实施过程中，充分考虑幼儿的认知、情感、社会性和身体发展等方面的需求，注重课程的组织和引导，关注幼儿的表现和反应，及时调整教学策略和方法，并在实施过程中注意建立多元化评价机制，对课程进行全面、客观、科学的评估，并在此基础上不断总结经验，反思不足之处，及时调整和改进课程内容和实

施策略，促进幼儿园教育质量的不断提高。

【课程主题】

文化润德，以德启智

【课程目标】

1.培养幼儿良好的道德品质和行为习惯，如尊重长辈、诚实守信、团结友爱等。

2.让幼儿在多样化的活动中，感受中华文化的底蕴和魅力，增强文化自信和爱国情感。

3.通过"文化润德"园本课程的实施，提高教师的教育教学能力和专业化水平。

【课程安排】

"文化润德"园本课程的实施，主要通过传统节日、传统游戏、红色故事、红色歌曲的形式编排课程内容。

传统节日课程是开展与春节、清明节、端午节等传统节日有关的活动和与二十四节气有关的活动，让幼儿了解传统习俗，感受中华民族的智慧和魅力。我园在组织幼儿庆祝传统节日的过程中，不仅让幼儿了解和感受中华文化的博大精深，增强对中华文化的认同感和自豪感，还通过庆祝这些节日，引导幼儿了解和传承历史记忆，感受中华文化的独特性和多样性，更加深入地认识和了解自己的民族和文化根源，加深对祖先智慧和劳动成果的尊重和敬仰。课程安排如下表。

传统节日课程一览表

学期	月份	小班	中班	大班
上学期	9	中秋节家园共育活动	中秋节主题活动	丰收节主题活动
	10	重阳节家园共育活动	重阳节主题活动	寒露主题活动
	11	立冬家园共育活动	立冬主题活动	立冬主题活动

续表

学期	月份	小班	中班	大班
上学期	12	春节家园共育活动	春节主题活动	冬至主题活动
下学期	3	元宵节家园共育活动	二月二主题活动	春分主题活动
	4	谷雨家园共育活动	谷雨主题活动	谷雨主题活动
	5	清明节家园共育活动	立夏主题活动	小满主题活动
	6	端午节家园共育活动	端午节主题活动	夏至主题活动

传统游戏课程是通过玩各种竞技、智力、体育等传统游戏，丰富幼儿的生活，体验传统游戏的乐趣，感受传统文化的魅力。民间游戏是中国传统文化的重要组成部分，民间游戏来源于生活，其内容、形式与幼儿日常生活密切相关。民间游戏不仅可以锻炼幼儿的身体素质，还可以培养幼儿的智力、语言表达能力、创造力、团队协作能力等，有助于提升幼儿的综合素质。我园在开展民间游戏活动中不仅让幼儿了解和感受中国传统文化，培养民族文化自信心，还加强了幼儿园与家庭、社区的合作。课程安排如下表。

传统游戏课程一览表

学期	月份	小班		中班		大班	
		户外游戏	室内游戏	户外游戏	室内游戏	户外游戏	室内游戏
上学期	9	冰棍化了 狡猾的狐狸	拼图	老鹰捉小鸡 鸡蛋壳鸭蛋壳	五子棋	竹竿舞 踩高跷	象棋
	10	卖蒜 搬草墩	叠手绢	城门几丈高 切西瓜	玩扑克	踩影子 打腰鼓	围棋
	11	炒黄豆 我们都是木头人	石头剪刀布	抬花轿 抬轿子	打弹珠	爬杆 拍手背	编花绳

续表

学期	月份	小班		中班		大班	
		户外游戏	室内游戏	户外游戏	室内游戏	户外游戏	室内游戏
下学期	12	小孩真爱玩打宝	打宝	跳皮筋捉迷藏	转陀螺	拔河打陀螺	抓石子
	3	丢沙包老鹰捉小鸡	猜灯谜	踩高跷踩影子	猜灯谜	弹蛋子荡秋千	猜灯谜
	4	切西瓜跳格子	玩扑克	拍手背石头剪刀布	偷鸡游戏	斗鸡滚铁环	折纸
	5	跳绳子吹泡泡	拉大锯	网鱼打毽子	两步棋	两人三足跳皮筋	抓杏核
	6	老鼠笼网鱼	手指游戏	鸡蛋壳鸭蛋壳木头人	风车	铁牛耕地舞龙舞狮	风筝

红色故事不仅承载着丰富的历史文化内涵，还能滋养幼儿的精神世界，帮助他们树立正确的价值观和思想观。红色故事反映了我党的光辉历程和伟大精神，具有深刻的教育意义。红色故事中蕴含的爱国主义、集体主义、艰苦奋斗等价值观念，能够在潜移默化中影响幼儿的思想观念，帮助他们树立正确的价值观和人生观。红色故事课程通过讲述英雄人物的事迹，使幼儿感受到祖国的伟大和民族精神的传承，激发他们的爱国热情和责任担当意识。课程安排如下表。

红色故事课程一览表

学期	月份	小班	中班	大班
上学期	9	《水缸的秘密》	《肖永正长征披草袋》	《最小的女红军》

续表

学期	月份	小班	中班	大班
上学期	10	《我叫解放军》	《朱德的扁担》	《周总理的衣服》
	11	《闪闪的红星》	《小波和他的山药蛋》	《小交通员潘东子》
	12	《七颗豆子》	《黄继光的故事》	《邱少云的故事》
下学期	3	《雷锋的故事》	《小萝卜头宋振中》	《海娃鸡毛信》
	4	《两个小八路》	《少年游击队》	《小侦查员张嘎》
	5	《草原英雄小姐妹》	《董存瑞的故事》	《小卫生员孙大兴》
	6	《王二小的故事》	《赵一曼的故事》	《红孩子》

红色歌曲作为一种具有特殊历史背景和深刻内涵的文化形式，是中华文化的重要组成部分，蕴含着浓厚的民族精神和爱国情感。红色歌曲课程通过组织幼儿唱红色歌曲，可以帮助他们了解祖国的历史和文化，培养幼儿的爱国情怀和民族自豪感。我园在组织幼儿唱红色歌曲过程中，让幼儿接触到革命历史和优良传统，培养他们热爱祖国、珍惜和平的意识，从而更好地传承和弘扬红色文化。同时幼儿在唱红色歌曲时可以感受到音乐的节奏、韵律和优美旋律，培养他们的音乐感受能力和审美情趣，锻炼形体协调性和表现力，丰富他们的艺术体验。课程安排如下表。

红色歌曲课程一览表

学期	月份	小班	中班	大班
上学期	9	《我是小海军》	《歌声与微笑》	《红星歌》
	10	《小螺号》	《快乐的节日》	《祝福你亲爱的祖国》
	11	《快乐的节日》	《歌唱二小放牛郎》	《让我们荡起双桨》
	12	《小红帽》	《卖报歌》	《国家》
下学期	3	《种太阳》	《嘀哩嘀哩》	《听妈妈讲过去的事情》

续表

学期	月份	小班	中班	大班
下学期	4	《小二郎上学》	《让我们荡起双桨》	《中国人》
	5	《我爱北京天安门》	《井冈山下种南瓜》	《没有共产党就没有新中国》
	6	《读书郎》	《我们是共产主义接班人》	《歌唱祖国》

【课程实施】

一、深入剖析课程主题

"文化润德"课程秉持着"中国根、中国心和中国情的中国娃"的教育宗旨,提出了"文化润德,以德启智"的课程主题。"文化润德"指的是通过学习中华文化,润泽幼儿的品德。通过让幼儿了解中华文化中的道德规范和价值观念,培养他们良好的道德品质和社会责任感,帮助他们成为有道德、有文化、有纪律的社会主义建设者和接班人。"以德启智"则是指通过培养幼儿的道德品质,启迪他们的智慧和创造力。品德是人们立身处世的基础,也是人类文明进步的重要标志。在幼儿教育阶段,通过多样化的教育活动和情境设置,可以帮助幼儿培养良好的品德和行为习惯,如尊重他人、关心他人、善于合作等。这些品德和行为习惯不仅对幼儿的学习和成长具有积极的促进作用,而且可以为他们今后成为有创新精神和实践能力的高素质人才打下坚实的基础。

"文化润德"课程强调了中华文化对于培养幼儿品德的重要性,同时也突出了道德品质在启迪幼儿智慧和创造力方面的重要作用,也要求课程在实施过程中,要关注幼儿的已有经验和发展需求,将品德教育融入一日生活、家园互动和亲子活动中,让幼儿在全环境的立德树人环境中潜移默化地形成良好品德,促进全面发展。基于此,我们提炼出了培育"文化润德"幼儿的具体表现和总体要求,详见下表。

	目标	重点	路径	具体表现	总体要求
"文化润德"幼儿的具体表现与总体要求	扬道德风尚	德劳	传统节日	了解节日风俗,体验节日精髓,传承民族文化。	道德品质:通过学习中华传统文化和红色文化中的传统美德,帮助幼儿树立正确的价值观念和道德标准,培养他们良好的道德品质和社会责任感。 人文素养:让幼儿了解中华文化的历史、地理、艺术等领域的知识,拓宽他们的视野和认知范围,培养他们的人文素养和审美能力。 全面发展:通过多样化的中华文化教育活动,全面促进幼儿的智力、情感、社会、身体等方面的发展,培养他们的综合素质和能力。 民族文化认同感:通过学习中华文化的精髓和特色,让幼儿了解和认识自己的民族文化,培养他们的民族自尊心和文化认同感。 传承和弘扬中华文化:通过园本课程的实施,将中华文化传承给下一代,弘扬中华文化的精髓和特色,为中华文化的繁荣和发展作出贡献。
	悟优秀文化	德智体	传统游戏	趣玩传统游戏,感受文化积淀,厚植地方特色。	
	激爱国之情	德智	红色故事	欣赏红色故事,感悟革命精神,传承红色力量。	
	传精神力量	德智	红色歌曲	传唱红色歌曲,感悟信仰力量,坚定理想信念。	

二、组建组织构架

为保障园本课程的有效实施,我们成立了管理组织,并根据不同组织制定了具体的管理任务与要求。

领导小组：由幼儿园园长、副园长、骨干教师组成。领导小组负责制订课程实施的计划、组织和协调工作，确保课程的顺利实施。

资源小组：由幼儿园教育资源室负责人、图书馆管理员、网络资源平台负责人等组成。资源小组负责课程资源的管理和准备，为教师提供必要的教学材料、工具和参考资料等。

教研组：由幼儿园教研室负责人、各年级组教研组长等组成。教研组负责研究和开发园本课程，为教师提供教学指导和培训，并监测和评估课程实施的效果。

教师团队：由幼儿园各班级的教师组成。教师团队负责具体实施教学计划，与家长紧密合作，共同促进幼儿的全面发展。

家长委员会：由家长代表组成。家长委员会负责与幼儿园沟通交流，参与课程计划的制订和实施，为幼儿园的教育教学提供支持和建议。

社区合作伙伴：由与幼儿园有合作关系的企业、社会组织和其他机构组成。社区合作伙伴为幼儿园提供必要的支持和资源，共同促进幼儿的成长和发展。我园在"文化润德"园本课程实施过程中很注重与家长、社区等相关方面的沟通和合作，形成教育合力，共同促进幼儿的全面发展。

三、健全保障制度

为落实园本课程的有效运行，提升课程实施的质量，我园结合园本课程内容，基于教师在日常教育教学中存在的共性问题，从以下五个方面进行制度的完善和细化，确保园本课程的质量和方向。

1. 定期研讨制度

围绕园本课程的建设、实施、评估等工作，展开定期研讨，通过研讨促进教师之间的交流与合作，提高整体的教学水平。

2. 集体备课制度

在集体备课中，教师们共同研讨园本课程的实施内容、实施方法和资源整合，以提高园本课程的质量。

3. 教师培训制度

根据教师设计和实施园本课程的专业发展的需要，制定培训内容。内容包括园本课程建设和实施理论、方法和技术、教育科研能力和家园合力形成等方面的专业知识。同时，鼓励教师参加各种研讨会、研修班等学术交流活动，提高专业素养。

4. 问题研讨制度

就园本课程中的焦点问题进行研讨，通过共同探讨解决问题，以应对园本课程实施过程中的各种挑战，提高园本课程的质量和水平。

5. 质量评估制度

对园本课程质量进行定期评估，采用以幼儿为主体、幼儿园和家庭共同参与的方式，对评估结果进行研讨，并将结果作为园本课程评价的重要依据，并根据评估结果，及时调整和完善园本课程各项内容，以不断提高幼儿园的整体教学质量。

四、多策略实施课程

在实施园本课程过程中，幼儿园和家长积极合作，让幼儿在各种丰富的活动中进行品德培养和情感熏陶。

1. 融入一日活动

在一日活动中有机融入"文化润德"园本课程，教师可以根据幼儿的年龄特点和实际情况，将"道德品质养成"融入一日活动的各个环节，促进幼儿德智体美劳的全面发展。

2. 拓展活动形式

我们打破幼儿园集体教育活动的单一形式，联合家长和社区开展丰富的活动，让幼儿在丰富的活动中感受中华文化的魅力，培养文化自信和爱国的情感。

3. 设计主题活动

在开展"文化润德"园本课程过程中，我们根据不同的主题开展活动，围绕主题进行个别化、小组和集体教育活动，让幼儿在主题活动中深入了解中华文化的内涵和特点。

4. 开展网络平台教育

信息化时代，网络平台教育是"文化润德"园本课程实施的新兴途径，我们充分利用网络平台，向家长和幼儿传递课程实施的理念、内容和方法，提供丰富的学习资源和实践案例，促进课程质量的提升。

【课程评价】

园本课程评价是幼儿园教育工作的重要组成部分，对于促进幼儿全面发展、提高教师教育教学水平、完善幼儿园教育体系、增强家长对幼儿园教育的了解都具有重要意义。我们明确了园本课程的目标，确保目标与"文化润德"的理念紧密相通。根据这些目标，制定相应的评价标准，对课程实施的效果进行评价。

教学内容的评价：教学内容作为园本课程的核心，我们注重评价教学内容是否符合"文化润德"的理念，是否能够促进幼儿道德、文化、艺术等方面的全面发展。

教学方法的评价：教学方法是实现教学内容的手段，我们注重评价教学方法是否符合儿童的认知特点和心理发展规律，是否能够激发幼儿的学习兴趣和创造力。

教学过程的评价：教学过程是园本课程实施的重要环节，教学过程中我们注重教师与幼儿的互动情况是否能够营造出愉悦、和谐、民主的教学氛围。

教学成果的评价：教学成果是园本课程实施的效果体现，评估过程中注重评价教学成果中幼儿的发展情况，包括知识技能、审美能力、道德品质等方面是否有提升。

幼儿参与度的评价：幼儿参与度是评价园本课程实施效果的重要指标之一，评价过程中要注重评价幼儿在课程实施过程中的参与情况、互动程度等。

教师的自我评价：教师是园本课程实施的重要主体，我们注重鼓励教师进行自我评价，以便对自己的教学进行反思和改进。

家长反馈的评价：家长是园本课程的参与者之一，我们注重听取家长的反馈意见和建议，以便对园本课程进行不断的优化和改进。

山东省烟台经济技术开发区海河幼儿园 李向荣

"动·态健康"园本课程实施方案

【课程背景】

我园周边环境绿意盎然，空气清新，阳光充足，活动场地开阔，非常适合开展各类健康活动。同时，我园两公里半径内有丰富的人文资源，可以形成常态化的健康徒步活动，加强幼儿的文化认知和社会历练。健康是人们的首要价值追求，没有了健康就没有了一切。在所有的教育中，健康都是一个不可或缺的教育领域，对于幼儿而言，健康更有超越一切的重要价值。拥有健康的幼儿会自由玩耍、积极探究和交往，健康是幼儿一切行为的基础，因此，我们把实施健康课程作为幼儿园的首要内容。

我园最初确立的是"健康快乐"特色课程，随着不断规范和优化，我们对课程理念和课程内容进一步提炼、丰富，把"健康快乐"特色课程命名为"动·态健康"园本课程。"动·态健康"园本课程，以实现幼儿的身心健康为目标，全面提高幼儿对健康的认识水平，培养幼儿的良好习惯，为幼儿未来的健康生活奠定坚实的基础。

"动"即运动和活动。运动是一种涉及体力和技巧的、由一套规则或习惯所约束的活动，发展幼儿的运动能力是本园健康课程的重要内容。活动是指健康课程，是一个注重师幼共建、共同活动的课程。

"态"即体态和心态。体态是指身体动作协调、健美有力、身体素质好。心态是指人的精神、情绪、意识方面的良好状态，即具有快乐的情绪、乐观的性格，做事积极主动。

"动态"是指健康课程的内容、组织实施不是一个固定不变的过程，而是一个灵活变化、随机调整的过程，体现课程的过程性理念。

用"动""态"两个字定义我们的健康课程，一方面展示了我们的课程内容，另一方面也凸显了我们的课程理念。

【课程主题】

兴趣先导、主动共建，健康快乐、和谐发展，多元浸润、整合体验

【课程目标】

1. 培养幼儿具有健康的体态、体力、体能，具有灵活的身姿、灵巧的动作。

2. 培养幼儿具有欢乐积极的心理状态，具有良好的运动、生活、卫生习惯，具有不怕困难、敢于挑战、会坚持的运动品质。

3. 教师要能够思维活跃、积极主动地参与课程的设计与推进，不断提高专业能力。

【课程安排】

"动·态健康"园本课程的内容分为健康集体教学课程、健康特色游戏课程、健康融合教育课程。

健康集体教学活动是"动·态健康"课程的一个固定课程形态，活动内容的类型主要分为运动体能类、心理健康类、健康饮食类、生活习惯类、安全自护类。具体安排见下表。

健康集体教学课程计划

类别＼内容＼班别	小班	中班	大班
运动体能类	球球乐 开心跳跳跳 我和纸箱做游戏 嗨玩垫子	小球大爱 舞动的红绸 爬的秘密 玩转垫子	竹竿乐 足球小将 绳彩飞扬 我是大力士 神奇的垫子
心理健康类	我自己 我爱我家	我会大胆说 能干的你能干的我	身体的秘密 我从哪里来 谁的本领大 齐心协力
健康饮食类	好吃的蔬菜 打开来尝一尝	营养多多 身体棒棒	营养丰富的食物 我不挑食
生活习惯类	好习惯	环保卫士从我做起	我们都有好习惯
安全自护类	我会玩	马路上的安全	我是安全小卫士

游戏是幼儿喜欢的活动形式，我们重视这一重要形式，创设了健康特色游戏区，并设计符合幼儿年龄特点和兴趣的游戏材料进行投放，让幼儿在操作的过程中掌握知识与技能。另外，我们还开设了"特色编织"专用区域，根据不同年龄段特点，选择适宜的编织材料和工具，设计趣味性强的编织内容，让幼儿在有趣的编织游戏中提高手指灵活性，发展小肌肉动作。具体安排见下表。

健康特色游戏课程计划

小班	中班	大班
钓鱼 叠衣服 剪面条 摘果子	瓶子垒高 猴子上树 穿针引线 门帘	剥花生 夹珠子 花生造型 毛根造型

续表

小班	中班	大班
旋瓶盖	雪花片大变身	叠叠乐
袜子配对	彩泥变变变	有趣的对称
喂小动物	毛根变形	桌球
绕毛线	编编乐	DIY饼干工厂
美丽的项链	毛杆造型	左边、右边一个样
寻宝	装豆豆	十字绣
好吃的蔬菜	插花	编编乐
扣纽扣	捣纸浆	麻花辫
夹夹子	纸浆贴画	绣花
秋天的树	做香袋	钉纽扣
汽车设计师	线框编织	钉子皮筋编图
打开来尝一尝	夹夹乐	
剥橘子	可泥可沙	
雪花变变变	绕毛球	
筛豆子	橡皮筋DIY	
滚珠子		
戴手套		
穿袜子		
绳子装饰		
装糖		
装饰蝴蝶		
找对称		
彩色门帘		
沙画		
足球小人		
夹豆豆		
分果果		
穿糖葫芦		

"特色编织"游戏课程计划

年龄段	内容（绕、穿）	核心目标
小班	花儿朵朵开（平面）	用毛线在花朵底板上来回缠绕。
	装饰瓶子（单一立体）	在单一立体造型的瓶子上绕圈。
	绕篱笆（单一立体）	尝试用麻绳在固定的棉签上交替绕。
	小鱼（纸类编织）	尝试用长纸条在小鱼身上一上一下地穿鱼鳞（间距大）。
	动物穿衣	学习用毛线上下缠绕的方式进行编织。
	给娃娃扎辫子	尝试用两个毛根相互缠绕的方式给娃娃编辫子。
中班	绕毛线	尝试在辅助物上绕毛线，绕成球。
	绕瓶	绕满整个瓶身，发展手眼协调能力。
	绕PVC或经编筒	绕满整个PVC或经编筒。
	打结（装饰瓶子）	学习打结的方法，尝试打一个结，装饰瓶子。
	绕模具	学习一上一下的方法在模具上来回绕。
	造型绕（平面）	按照底板形状，从外到里有规律地绕圈，填满整块板。
	绕五角星	在五角星上来回绕圈，并绕满。
	平行穿	尝试在不织布上，上下平行地连续穿。
	造型穿（图形简单一些）	在打孔底板上画出图形（将孔连起来），用毛线根据图形穿起来。
	穿小门帘	利用塑料针在底板上一排排来回穿毛线，并穿满整块，形似小门帘。
大班	绕瓶或PVC	绕满整个瓶身或PVC管，发展手眼协调能力。
	打结（装饰瓶子）	学习打结的方法，尝试打两个结，装饰瓶子。
	绕轮胎（合作）	在轮胎上刷木工胶，用绕圈的方法将麻绳绕在轮胎上。

续表

年龄段	内容（绕、穿）	核心目标
大班	造型绕	按照底板形状，从外到里有规律地绕圈，填满整块板。多个图形可进行拼搭、组合。
	十字绕	经过十字棒由里到外绕毛线。
	扇子绕	沿着扇骨绕毛线。
	绕毛毛虫	用麻绳绕成圈，然后组成毛毛虫的身体，并进行装饰。
	纸盘穿	将纸盘分段剪出齿轮状，用毛线根据齿轮拉出线条。从圆心开始，用各色毛线在线条上来回穿。
	造型穿（图形复杂一些）	在打孔底板上画出图形（将孔连起来），用毛线根据图形穿起来。
	钩针穿	在模具上用钩针来回穿。
	绣花绷	用毛线在绣花绷上绑出线条，然后从圆心开始用各色毛线在线条上来回穿。

健康快乐的理念应该体现在一日保教工作中，我们优化一日保教工作，在一日生活环节体现常态化的健康教育理念，促进健康与一日活动的融合。具体安排见下表。

主题	年龄段	基本内容
饮食教育	小班	学习自主取餐，独立用餐，爱吃幼儿园的饭菜，逐步学会自己的餐具自己放回，并在老师的引导下掌握漱口、擦嘴的方法。
	中班	自主取餐，会正确使用勺子吃饭，不挑食。保持桌面、碗内干净，餐后主动擦嘴、漱口，餐具轻拿轻放，尝试自己收拾桌面。

续表

主题	年龄段	基本内容
饮食教育	大班	根据自己的食量自主取餐，熟练地使用筷子进餐，讲究文明，细嚼慢咽，懂得饮食营养，不挑食，整洁有序，餐后主动擦嘴漱口。
睡眠教育	小班	营造安静舒适的睡眠环境，保持愉快的情绪，学习自己脱鞋子和简单衣物，适应幼儿园的午睡时间和方式，逐步养成较好的午睡习惯。
睡眠教育	中班	营造安静舒适的睡眠环境，保持愉快的情绪，根据个体需求整理自己的物品，具有良好的午睡习惯。
睡眠教育	大班	营造安静舒适的睡眠环境，保持愉快的情绪，有条理地整理衣物和被褥，具有良好的午睡习惯。
盥洗教育	小班	在老师的指导下学习正确的洗手方法，知道在餐前、便后、活动后等要洗手，逐步养成爱洗手、会洗手的习惯。
盥洗教育	中班	掌握正确的洗手方法，具有爱洗手、会洗手的好习惯。
盥洗教育	大班	掌握正确的洗手方法，能根据一日活动情况及在传染病高发季节自主洗手，具有爱洗手、会洗手的好习惯。
如厕教育	小班	适应幼儿园的如厕方式，能在老师的提醒下主动如厕，尝试自己擦拭和整理衣裤，逐步懂得一日如厕的需求。
如厕教育	中班	一日生活各环节能够自主如厕，不憋便，会整理衣裤，有较好的卫生习惯。
如厕教育	大班	一日生活各环节能够自主如厕，大小便根据自身需求完全能够自理。

【课程实施】

一、扎实课程理论

1. 夸美纽斯的"教育适应自然原则"

夸美纽斯认为，教育应当考虑儿童的性格和年龄特征。他发现，人各不同，教育对他们应当区别对待，学校教育要"适合学生的年龄，超出了他们理解的东西就要给他们去学习"。

2. 洛克的"绅士教育思想"

洛克非常重视健康教育对个体的发展，他在《教育漫画》开头就强调健康的身体对于幸福生活的重要性，建议从小培养人的健康体魄及吃苦耐劳的精神。他还提到要让儿童多做户外活动，避免娇生惯养，过有规律的生活。在心理健康方面，洛克关于德行的培养同样给我们启发，他提倡应尽早培养儿童的自我克制能力，尽早使儿童养成自制习惯。

3. 陈鹤琴的"五指活动理论"

陈鹤琴先生的"五指活动"，包括健康活动、社会活动、科学活动、艺术活动、语文活动五个方面。他认为，儿童健康是幼稚园课程第一重要的。身体强健的儿童，性格活泼、反应敏捷、做事容易。为了儿童的现在和将来，幼儿园的教育应注意儿童的健康。

二、深化课程理念

课程理念既体现了我们的课程实施过程，又凸显了我们的课程目标。

1. 兴趣先导，主动共建

幼儿天生好动，我们要顺应幼儿这种天性，以幼儿的兴趣点为课程实施的起点，为幼儿创设感兴趣的健康课程内容，注重过程中幼儿的主动参与，让幼儿成为课程实施的主体。

2.健康快乐，和谐发展

我们的课程旨在让幼儿拥有健康身体、健康心理及健康认知，促使幼儿健康快乐地发展，我们力图使每位幼儿各方面的能力在原有水平上得到和谐全面的发展，顺利达成基本的目标要求。

3.多元浸润，整合体验

对幼儿进行健康教育，不能只着力于集体教学活动或特色游戏，也应该渗透于一日生活各环节当中，让幼儿多途径、高频率地参与体验、练习。

三、建立保障机制

1.组织保障

我们成立课程领导小组，从行政上和业务上对课程工作进行引领和指导。课程领导小组要认真学习上级相关部门的政策文件，结合我园现状与发展需要，制定并不断完善课程实施方案，对课程的目标、内容与管理等方面做出明确的规定，确保课程实施的有序推进。

2.培训保障

我园每周举行一次教研活动，及时研究并解决课程实施中出现的难点热点问题。活动形式多样，有集体备课、专题讲座、听评课、交流经验、探讨教学法、典型案例分析、主题活动解析等，构建了宽松、活跃的探讨氛围，教师大胆发表意见，让课程改革的思维火花发生碰撞，从而促进保教质量的进一步提高。

3.经费保障

我们每年投入一定的经费用于课程实施与完善，如健康器械的购买、课程相关经验的外出学习培训等，充足的经费让教师可以无忧地学习与提升。

4.资源保障

我们定期整理、优化课程资源，形成各年龄段可借鉴的主题资料。我们也会集中整理来自家长的资源，并吸引更多的社区资源来扩大课程的影响力,建立完善的资源库,以备课程实施所需。

四、践行"四动态"实施原则

1. 整合性

在课程的实施过程中,所呈现的形式、活动类型和方式都体现了整合性。整合性不仅体现在各个教学活动的组织上,还落实于日常活动、家园共育、环境布置、区角活动等的安排上。例如:在组织健康集体教学活动时,强调突出此类型活动目标的同时,也会注重其他健康目标的融合教育,还会有意识地渗透其他领域的均衡教育。

2. 项目化

在各类健康活动的开展中,我们力图采用项目化的教学理念推进主题开展,鼓励幼儿参与活动计划的制订和实施。每一个活动开展前都会进行脑力激荡,理解幼儿兴趣点,围绕具体问题和幼儿一起确定活动展开的思路和方向。

3. 主动性

活动组织时会充分考虑幼儿的学习特点,链接幼儿的生活经验,把幼儿主动的学习作为我们追求的目标,为幼儿创设能亲身体验和动手创作的机会,让幼儿学得更主动。

4. 多元性

在课程的实施过程中,我们注重挖掘多元化的社会资源,将各资源在活动中运用与整合,促使活动的效果达到最优。

五、规范健康集体教学

健康集体教学活动课程,来源主要有三个途径:一是根据《指南》中健康领域的目标确立活动内容,二是根据当下社会中发生的热点事件确立活动内容,三是围绕幼儿活动中的表现确立新的活动内容。

我们在组织健康集体教学活动的过程中,强调三个"性",即趣味性、体验性、自主性。趣味性要求教学活动内容的选择要具有趣味性、动作的设计与提炼要具有趣味性、组织活动的形式要具有趣味性；体验性强调在活动中鼓励幼儿积极参与、多感官体验、大胆表达与表征，通过亲身体验来提高幼儿对活动的感受度，加深幼儿对学习的理解，然后在日常生活中能够灵活运用所学；自主性强调材料选择的自主性和游戏玩法的自主性，幼儿可以在活动中自主选择材料、自主探究玩法，不仅可以体验游戏的快乐，也能不断激发幼儿的创造力。

六、拓展健康特色项目

幼儿喜欢游戏，幼儿在我们的健康特色游戏课程以及"特色编织"游戏课程中不断激发创造力，为了促使幼儿游戏的可持续性发展，我们也在不断寻求新的健康特色项目的开发与拓展，使我们的项目资源库不断丰富。

1. 晨间锻炼小超市

中大班采用混龄混班的形式，小班采用混班的形式，活动时间均为45分钟。教师会有意识地为幼儿提供多种技能锻炼的材料，巧妙设计辅助材料，增强活动的趣味性，同时帮助幼儿创设一部分路线，给幼儿一些留白，在运动过程中根据幼儿实际需要创造性地创设剩余的路线，挖掘材料的多种玩法。

2. 全园健康大超市

每周一次，全园幼儿混班混龄参与活动，活动的时间为周五下午一小时十分钟。幼儿园户外活动场地共设置二十个健康区域，每个区域以一种器械为重点，同时添加辅助器械，幼儿在玩的过程中需要完成一些任务，从而加强体育锻炼。在健康大超市活动过程中更凸显"自主快乐"的理念，区域的设置、材料的提供满足了幼儿自主选择的需求，幼儿自主运动、自然合作，尽享运动的快乐。

3. 宝贝玩球乐

我们成立了足球队和篮球队，每周各一次，发挥本园男教师的特长。幼儿在玩球的过程中，不仅能体验玩球的快乐，还能掌握拍球、踢球、传球、运球和颠球等基本技能。

4. 健康嘉年华

"健康嘉年华"每年举办一次，围绕一个主题挖掘各种资源，营造我园健康特色活动的氛围，组织开展健康活动、亲子游戏、幼儿挑战赛、家长微拍大赛等系列活动，体验参与健康活动的快乐，让家长和幼儿在运动中交流，让幼儿在交流中健康成长。

【课程评价】

积极地开展课程评价，有助于提升教师实施课程的专业能力，有助于落实幼儿健康快乐、和谐发展的目标，有助于不断提升课程本身的结构、内容的品质和成效。

一、对教师实施课程的评价

对教师实施课程的评价主要是为了提高教师实施"动·态健康"课程的能力，通过教师的自评、互评和他评（课程领导小组成员、专家、家长和社区代表），对以下方面进行评价：

1. 活动设计与组织

启动阶段是否有了解幼儿的原有水平和经验，实施阶段幼儿在活动中的体验，展示阶段幼儿的成果是否丰富等。

2. 环境创设

教师在环境创设时，收集有关健康主题的资料是否丰富，提供的健康活动材料是否丰富，所布置的主题环境是否突出且符合幼儿年龄特点等。

3. 家长指导工作

是否及时向家长发布幼儿的健康活动，是否积极鼓励家长参与幼儿园健康活动，是否对家长在活动中遇到的问题给予及时的指导。

二、对幼儿发展的评价

采取总结性评价和过程性评价相结合，评价的主体是教师、家长、幼儿三大主体，要体现评价的客观完整性，采用的方法有：

1. 观察法

以自然观察为主，教师收集大量通过自然观察所获得的真实资料，提供丰富的反映幼儿发展状况的事实依据，观察记录可以采用文字描述、表格式罗列，也可以运用录音、录像、照相等方式进行留痕。

2. 访谈法

教师在日常生活中要提供时间、机会让幼儿表述自己的感受和经验，教师要注意倾听，并从中获得幼儿的真实想法，还要经常与家长进行交流，以便更全面、准确地了解幼儿的发展。

3. 建立成长档案

成长档案包括对幼儿在较长时间内的发展进行观察与记录，收集幼儿参与健康活动的照片，并分析其健康发展的状况。

4. 体质测查

每年邀请专业人士对本园幼儿的身体素质进行全方位的测查，以了解幼儿的健康状况，为后续活动的开展提供依据。

5. 主题检测法

教师在一个健康主题活动结束时创设一定的情境，鼓励幼儿参与到活动中，观察评估幼儿主题经验获得的情况。

浙江省海宁市桃园幼儿园　马晓丽　许玲燕　施卓莹

"树下体育"园本课程实施方案

【课程背景】

　　幼儿的成长需要陪伴和等待，就像静待树苗长成参天大树，需要我们慢下来细细欣赏和观望，尊重幼儿的生长规律，聆听他们内心的声音，培养幼儿健康的身体、阳光的心理、开朗的性格、健全的人格。幼儿精力充沛，活力四射，户外体育活动能够给幼儿带来快乐，帮助幼儿提高运动能力，提高幼儿身体素质。幼儿期又是人体机能快速生长发育的时期，科学合理的体育活动不仅能促进幼儿身体的正常发育，有效增强幼儿体质，还能激发幼儿参与体育活动的兴趣，养成良好的运动习惯，培养勇敢、坚韧的品质。

　　我园户外的每个区域都有树，攀爬区借助年代久远的树做了树屋，沙池区有三棵连体柳树生出许多可玩耍与探索的空间，就连幼儿园大门也是树的造型。依据园本特色，我们巧妙地利用户外的每一棵树，精心创设户外环境，让树成为一条主线串联起各个空间，形成一个大型户外运动场所。基于这样的特色，我们的"树下体育"园本课程应运而生。"树下体育"课程是在充分发挥幼儿园优质资源的基础上，通过创设丰富、生态和多变的活动空间，把户外场地营造成一个大型自然生态系统的运动场所，使幼儿置身于动态发展的自然环境中，为幼儿提供多变的材料，给予幼儿充分的自由和探索，让幼儿在合作、探究、交往中锻炼、玩耍，享受快乐的童年。它还打破了幼儿年龄、班级界限的束缚,有效扩大了幼儿之间的接触与交往,不断提高幼儿交际能力。

【课程主题】

生态、运动、健康、快乐

【课程目标】

1.在动态、开放、自由的空间环境中,与同伴、老师一起积极参与体育活动,了解、学习体育运动技能,增强体质,感受运动带来的快感和乐趣。

2.通过开发体育材料器械,自主探索、尝试、创新多种玩法,体会体育活动的趣味性。

3.在活动中形成坚强勇敢、善于探究、主动乐观的性格特质,促进其身心健康、和谐富有个性的发展。

【课程安排】

"树下体育"课程主要是教师在活动中以游戏化的情境展开,以幼儿为本,尊重并且相信幼儿,支持并鼓励幼儿在自然、宽松的环境中,积极与同伴、老师一起参与体育活动,从而锻炼幼儿的身体,促进其正常发育,提高他们对自然环境的适应能力,增强体质。同时发展幼儿的基本动作能力,使动作灵敏、协调,姿势正确。还能培养幼儿机智、勇敢、遵守纪律等的优良品德和活泼开朗的性格,让幼儿在酣畅淋漓中感受运动带来的乐趣和魅力。课程安排详见下表。

3—4岁幼儿上学期活动计划

活动名称	活动目的	组织形式	活动材料
快乐小海狮	1.发展身体平衡、协调能力。 2.发展想象力,体验用头顶球的乐趣。	自由与集体相结合	皮球、海绵垫、小拱门

续表

活动名称	活动目的	组织形式	活动材料
我是小青蛙	1.培养幼儿对体育锻炼的兴趣。 2.幼儿学习双脚连续跳的技能。	分组	呼啦圈若干
蚂蚁爬爬	1.培养幼儿对体育锻炼的兴趣。 2.练习幼儿手臂力量和手脚协调能力。	集体	彩虹伞
小动物过桥	1.培养幼儿对体育锻炼的兴趣。 2.锻炼幼儿的平衡能力。	集体、分组	平衡木
翻滚的小猫	1.培养幼儿对体育锻炼的兴趣。 2.幼儿学习侧身滚的动作。	分组	海绵垫若干
小动物过节	1.培养幼儿对体育锻炼的兴趣。 2.幼儿练习手臂力量和手脚协调能力。	集体	拱门、平衡木、泡沫垫
好玩的轮胎	1.培养幼儿的手眼协调能力。 2.幼儿练习向一个方向滚球。	自由与集体相结合	轮胎、球
小乌龟旅行记	1.培养幼儿对体育锻炼的兴趣。 2.提高幼儿钻过低于自身高度的能力。	自由与集体相结合	滑溜布

3—4岁幼儿下学期活动计划

活动名称	活动目的	组织形式	活动材料
百变纸盒	幼儿练习单脚跨纸盒，发展幼儿的平衡能力与身体力量。	自由与集体相结合	各种大小不同的纸盒：鞋盒、玩具盒等
快乐魔法棒	1.探索海绵棒的各种锻炼方法，提高动作的协调性和灵活性。 2.体验海绵棒的各种玩法，感受集体游戏的快乐。	自由与集体相结合	海绵棒若干
小兔子找家	1.培养幼儿对体育锻炼的兴趣。 2.发展幼儿的反应能力，提高动作的灵活性。	集体	呼啦圈

续表

活动名称	活动目的	组织形式	活动材料
快乐小猪	1.幼儿学习向一定方向滚球，增强手臂力量。 2.锻炼幼儿的手眼协调能力，体验游戏的乐趣。	集体、分组	球
好玩的呼啦圈	1.培养幼儿对体育锻炼的兴趣。 2.幼儿学习侧身滚的动作。	分组	大小呼啦圈、沙包
好玩的纸飞机	幼儿练习向上挥臂抛掷动作，体验用纸飞机锻炼身体带来的快乐。	集体	自制纸飞机
椅子变变变	培养幼儿的平衡能力，锻炼协调性，体验玩椅子带来的快乐。	自由与集体相结合	椅子若干
快乐成长	锻炼幼儿走、跑、跳等能力，发展身体协调性。	自由与集体相结合	梯子、轮胎

4—5岁幼儿上学期活动计划

活动名称	活动目的	组织形式	活动材料
小小飞行员	1.发展幼儿的平衡能力与协调性。 2.通过游戏锻炼幼儿的反应能力。	集体	标志物若干
切西瓜	1.培养幼儿对体育锻炼的兴趣。 2.发展幼儿灵活性及绕圈跑的能力。	分组与自由相结合	徒手
炸狼堡	1.培养幼儿对体育锻炼的兴趣。 2.练习正确投掷动作。	集体、分组	平衡木、沙包若干
小螃蟹过河	1.培养幼儿对体育锻炼的兴趣。 2.锻炼幼儿的手臂力量。	集体、分组	渔网
过独木桥	1.培养幼儿对体育锻炼的兴趣。 2.增强幼儿身体平衡感。	分组	平衡木
丛林大冒险	1.培养幼儿对体育锻炼的兴趣。 2.幼儿练习在一定范围内自由奔跑和躲闪能力。	集体	凳子、音乐

续表

活动名称	活动目的	组织形式	活动材料
青蛙跳跳	1.培养幼儿的手眼协调能力。 2.锻炼幼儿的上下肢力量。	自由与集体相结合	滑溜布
受伤的袋鼠	1.培养幼儿对体育锻炼的兴趣。 2.提高幼儿单脚跳的能力,增强下肢力量。	自由与集体相结合	纸盒
爱运动的小鸡	1.幼儿根据要求用自己的肢体模仿出小鸡生活的动作。 2.幼儿学会根据信号提示做不同方向、速度的走跑动作,提高运动平衡能力。	自由与集体相结合	长绳、音乐
好玩的跳绳	1.幼儿学习双手甩绳、双脚跳绳。 2.提高幼儿的手脚协调性,增进下肢力量。	自由与集体相结合	跳绳、音乐

4—5岁幼儿下学期活动计划

活动名称	活动目的	组织形式	活动材料
好玩的圈圈	1.探索用圈来锻炼身体的方法,如跑、跳、钻、投、走等。 2.发展动作的协调性、灵敏性,培养运动中的合作能力。	分组与自由相结合	彩色布条、呼啦圈
我会玩纸卡	通过"一物多练"进行综合活动,在活动中增强腰腹和腿部力量及动作的协调性。	集体与自由相结合	纸卡
多变的纸球	1.掌握运用纸球进行跑、跳、投掷等动作技能。 2.发展动作协调性、灵敏性,感受合作的快乐。	集体、分组	纸球若干

续表

活动名称	活动目的	组织形式	活动材料
我的水瓶	1.利用大小不同的瓶子,进行全身力量、协调性的锻炼。 2.养成自律、团结、合作、遵守规则的良好品质。	集体	矿泉水瓶、黄豆、可乐瓶、水
好玩的沙包	运用沙包进行身体各部位的运动锻炼,增进下肢力量,提高肢体的协调性。	分组	沙包
我的小椅子	练习听信号变速走、跑,提高动作的灵敏性,培养同伴间的合作意识。	集体	小椅子、音乐
多变的袋子	1.发展奔跑、跳跃能力,增强上下肢力量。 2.增强身体协调性,培养合作精神。	自由与集体相结合	塑料袋、拱门、沙袋
跨绳	探索绳子的多种玩法,提高身体的灵活性、协调性,体验运动的快乐。	分组与集体相结合	跳绳
勇敢的伞兵	1.能从五十厘米左右的高处往下跳,学会用摆手、屈膝的方法保持平衡。 2.培养勇敢、坚强的品质。	自由与集体相结合	小椅子、高凳子、垫子

5—6岁幼儿上学期活动计划

活动名称	活动目的	组织形式	活动材料
小勇士	发展幼儿的身体平衡能力与协调性,增强手臂力量。	自由与集体相结合	滑板车、标志物
圣火传递	幼儿练习接力跑,培养对体育锻炼的兴趣。	分组	接力棒
乘风破浪	培养团队合作和身体的灵敏性。	集体、分组	徒手
拔河	幼儿学习拔河的动作,锻炼合作能力。	分组	绳子

续表

活动名称	活动目的	组织形式	活动材料
揪尾巴	锻炼幼儿身体的协调性和躲闪速度。	分组	毛巾、短绳、篮球
好玩的呼啦圈	幼儿练习跳跃、钻爬动作。	集体	呼啦圈若干
小兵训练营	培养幼儿连续向前跳的技能，增强上下肢的协调性。	自由与集体相结合	轮胎
小沙包乐趣多	感受"一物多玩"乐趣，提高幼儿的合作意识。	自由与集体相结合	海绵棒
纵跳	幼儿练习纵跳触物的技能，激发参加体育锻炼的兴趣。	自由、集体	沙包、杆
小马过河	练习立定跳远，学习助跑跨跳，提高上下肢的协调灵活性。	集体、自由	丝带、小筐、呼啦圈、积木
跳跳乐	掌握正确、轻松跳跃的要领，激发参加运动的积极性、主动性。	自由与集体相结合	塑料袋、圆锥桶、小圈
跳小沟	熟练掌握立定跳远的动作，激发参加体育锻炼的兴趣，体验运动的乐趣。	集体、自由	绳子、积木、雪糕桶

5—6岁幼儿下学期活动计划

活动名称	活动目的	组织形式	活动材料
跳跃障碍物	1.掌握连续跳的动作技能。 2.遵守规则，体验合作的乐趣。	自由与集体相结合	海绵棒
小马运粮	通过助跑跨跳七十厘米左右的平行线，增强腿部肌肉的力量，提高动作的协调性。	集体、分组	海绵棒、沙包、篮筐

续表

活动名称	活动目的	组织形式	活动材料
我是小勇士	发展平衡能力、钻爬能力,培养勇敢、果断、不怕困难的良好品质。	集体、分组	长凳、拱门
好玩的布球	练习并掌握抛、接、投等动作,锻炼动作技能。	集体与自由相结合	布球
平衡台	发展平衡能力,增强脚部肌力,培养克服困难的勇气和精神。	集体与自由相结合	平衡台、音乐
螃蟹过河	练习手脚着地横爬以及横向侧滚动作,促进身体的协调发展。	集体	桌子、垫子、音乐
灵活的小猴	掌握手脚着地爬越过障碍,增强对体育活动的兴趣。	自由与集体相结合	海绵棒
小兔子跳跳	1.学习双脚并拢向前连续跳。 2.有节奏地连续跳过半米宽度的轮胎,提高动作的协调性。	自由与集体相结合	轮胎
推小车	掌握双人配合推小车的方法,培养合作、勇敢、不怕困难的精神。	集体、自由	徒手
跳高凳	1.掌握从高处往下跳的动作要领,学会利用屈膝、下蹲来缓冲落地。 2.增强肢体协调配合能力,培养自我保护意识。	集体、分组	高凳、音乐
我是运动员	用高凳进行身体各部位的训练,培养遵守游戏规则的意识,感受运动中的挑战与乐趣。	自由与集体相结合	高凳、音乐
小小解放军	快速变换方向排队,培养良好的方向感,提高综合运动的灵敏性。	集体、自由	长方体积木、音乐

【课程实施】

一、充分利用环境,合理投放活动材料

"树下体育"课程依托环境呈现园本特色,我们充分挖掘环境对

幼儿的教育功能，因地制宜，将户外体育环境的创设与促进幼儿的发展相结合，让环境最大限度地发挥其对幼儿身心等各方面的作用。材料是幼儿认知和学习外界事物的桥梁，更是幼儿开展体育活动的重要物质基础。我们根据幼儿年龄特点及兴趣投放材料，使幼儿在活动中有持久的兴趣。

3—4岁幼儿以无意注意为主，他们喜欢关注直观形象、生动活泼的事物。色彩鲜艳、外形突出、有声音的材料是小班幼儿喜欢的。但由于小班幼儿自我保护的意识欠佳，肌肉力量和耐力较差，动作不协调、易疲劳，我们多为小班幼儿提供一些易于掌握活动技能、模仿性强的活动材料，并且数量充足，能促进幼儿平衡、走、跑等能力发展。

4—5岁幼儿依然喜欢颜色鲜艳、形象生动、有趣味性的玩具材料。由于中班幼儿的生长发育存在着较为明显的个体差异，所以玩具材料本身应具有层次性，适合不同能力发展水平的幼儿。中班幼儿能力有所提高，喜欢有一定难度、需要一定技巧才能完成的玩具材料，所以我们在投放材料时会充分考虑中班幼儿的兴趣与需求，投放具有层次且具有不同挑战难度的材料，供幼儿探索学习，在掌握各种运动技能的同时喜欢上运动。

5—6岁幼儿动作目的性和自控能力逐渐提高，具备了初步的自我保护意识和能力，动作的协调性、灵活性、准确性有了很大提高。他们喜欢有挑战性的材料，乐意尝试一些有难度和冒险的动作，因此我们为他们提供的材料是运动强度较大的活动材料，发展他们各方面的动作技能，并培养他们坚强、勇敢、坚韧的品质。

二、通过游戏情境的创设，让幼儿常玩常新

《纲要》指出：培养幼儿对体育活动的兴趣是幼儿园体育的重要目标，要根据幼儿的特点组织生动有趣、形式多样的体育活动，吸引幼儿主动参与，用幼儿感兴趣的方式发展基本动作，提高动作的协调

性、灵活性。在体育活动中培养幼儿坚强、勇敢、不怕困难的意志品质和主动、乐观、合作的态度。游戏是幼儿最喜欢的活动形式，我们通过创设游戏情境，让幼儿在游戏的过程中不断提高运动水平。基于课程游戏化理念下的"树下体育"活动，不仅情境丰富，还具有独立自主性、丰富多样性、个体针对性。同时，"树下体育"活动更是一种重要的自主游戏化体育活动形式，既能兼顾幼儿的兴趣和需要，给幼儿提供更加充足的自由空间，又有利于幼儿独立性和自主性的发挥。在一定程度上，幼儿可以按照自己的兴趣和意愿选择活动内容和形式，让幼儿在与周围环境的互动中自主学习与探索，促使体育游戏常玩常新。

三、开展亲子体育活动，提高幼儿综合能力

亲子活动是幼儿活动中必不可缺的部分。幼儿与成人的依恋是自然的，又是十分重要的，在浓浓的亲情中成长的幼儿健康、活泼、聪明。幼儿和父母在快乐的亲子游戏中可以建立亲密的亲子关系。我们通过组织亲子体育活动，充分利用家长资源，使家长体验到与幼儿一起活动的快乐，在潜移默化中认同幼儿园的教育理念。而幼儿在亲子活动中充分选择自己喜欢的活动材料，通过不断尝试、挑战，锻炼了胆量、提高了运动技能，享受体育运动乐趣的同时，不断发展各项能力。另外，我们还开展亲子运动会，邀请家长一起策划、筹备，参与课程的建设，激发家长参与亲子运动会的热情，家园携手共同促进幼儿身心全面和谐发展。

四、增加树的品种，为幼儿打造"树下乐园"

《纲要》中指出：环境是重要的教育资源，应通过环境的创设和利用，激发幼儿活动的兴趣，有效地促进幼儿的发展。我园以树为主线，串联起户外的各个区域，创设了大型的运动场。为了保证"树下体育"课程的顺利进行，提高幼儿园保教质量，我们增加了树的品种，不仅种植了法桐、合欢树、银杏等观赏树木，还种植了苹果树、

梨树、桃树、山楂树、柿子树等多种果树。这些树木不仅美化了自然环境，也为我们丰富活动内容提供了可能。我们为幼儿新增了"野战训练营"体能拓展区，配备充足的体育器械，供不同年龄段的幼儿使用、锻炼；我们还开辟了一大片种植园，各班老师和幼儿根据季节和课程需要，自己选择播种的品种，让幼儿观察了解植物的生长，翻土、浇水、施肥，有效培养了幼儿的责任心与劳动意识。家长们不禁感叹，幼儿园为幼儿打造了集运动、休闲、娱乐、生态于一体的"树下乐园"，幼儿在这里不仅锻炼了体魄、发展了智能，也更加热爱生活，培养了积极、乐观的精神品质。

【课程评价】

"树下体育"课程根据幼儿需求和年龄特点，以不同年龄段幼儿在走、跑、跳、投掷、钻、爬、平衡等方面目标的要求为重要依据而开展，对环境的利用与创设、材料的投放与调整、游戏情境的创设、亲子活动的实施等各方面都有要求，这也成为我们重要的评价内容。除此之外，教师在课程实施中不断优化活动中的指导策略，也成为重点考察和评价的内容。我们组织专门的评价组织，由园领导、班级骨干教师组成，对需要评价的内容作出客观、合理的评价，这也将是"树下体育"课程不断丰富的有效手段。

教师作为幼儿学习活动的支持者、合作者、引导者，需要具备较强的观察能力与过硬的专业技能，在充分、全面地了解幼儿的同时，要能够预见幼儿在活动中可能出现的各种情况，以便在需要时给幼儿提供最大帮助，以帮助幼儿达到更高水平的发展。日后，我们将进一步完善评价体系，以提高教师专业能力、幼儿的发展为重要抓手，为后期课程的实施提供保障。

山东省东营市河口区义和镇中心幼儿园 王月英

"和风·自然行"园本课程实施方案

【课程背景】

园本课程是在幼儿园现实的根基上生长起来的与幼儿园的资源、师资等条件相一致的课程。基于我园特有的课程资源、园所文化等现实情况，我园开始了"和风·自然行"园本课程的建构与实施。

我园环境宽敞舒适、充满童趣，特别是户外场地资源丰富、自然灵动，能让幼儿的天性在有张力的空间里得以自然释放。幼儿园附近的自然资源也很丰富，有大溪港湿地公园、慧海湾生态公园、贡湖湾湿地公园，是城市边的绿野仙地，还有净慧寺、巡塘古镇、科技交流中心、交响音乐厅，人文生活丰富而有创意。

"和风润物细无声"是园所精神、文明等内在的力量凝聚，更是我们追求与向往的无痕教育理念。"和风·自然行"中的"和风"特指"和缓的风"这一自然气象，也指向幼儿园由园名蕴生的饱含积极情感的、自然渗透式的课程文化理念；"行"指的是幼儿的"行走"、教师的"行动"、家长的"同行"。课程承载着幼儿的发展，"和风·自然行"课程内容的开发与实施，旨在依托幼儿园周边丰富的自然、人文资源，让幼儿、教师、家长都卷入"行走"的队伍，在亲近自然、亲近社会的过程中，不断建构并完善"和风·自然行"课程的实践研究，打造生命自然成长的乐园，使幼儿"行走"在自然生长的人生旅程中，让每一个生命轻舞飞扬。

【课程主题】

和风润育，自然生长

【课程目标】

1. 培养幼儿敏探究：好奇善问、动手动脑、自主探究。
2. 培养幼儿乐合作：友好交往、礼貌交流、乐学善思。
3. 培养幼儿敢创造：善于想象、生动表达、多元表征。
4. 培养幼儿有自信：自在表达、自我认同、乐于表现。
5. 培养幼儿能坚持：情绪愉悦、积极体验、坚持专注。
6. 培养幼儿会尊重：遵守规则、文明共处、习惯良好。

【课程安排】

我们以《指南》精神为引领，以幼儿发展为核心，遵循"自然教育"理念，结合幼儿园课程资源现状，系统架构了"和风·自然行"课程的具体内容，形成了"和风物语·自然探究活动"和"和风印记·生活亲历活动"两个板块，从不同的角度促进幼儿情感、态度、能力、知识、技能等方面的发展，使幼儿在亲近自然、亲近社会、亲近自我的行动过程中，达成"自然生命，自然成长"的目标。

"和风物语·自然探究活动"包含野趣游戏、自然课堂、自然生活，具体安排如下表。

"和风物语·自然探究活动"课程设置表

年龄段	学期	野趣游戏		自然课堂		自然生活	
		内容	说明	内容	说明	内容	说明
小班	上学期	淙淙水园 变变泥园 松松沙园 自然舞台	幼儿园教育需要一点"野味儿"，我	大自然画笔 香香蔬菜 缤纷果饮	以整个园子为"自然课堂"，不借助任	我的幼儿园园子里的人，	我们倡导在自然生活中寻找教育资

135

续表

年龄段	学期	野趣游戏 内容	野趣游戏 说明	自然课堂 内容	自然课堂 说明	自然生活 内容	自然生活 说明
小班	下学期	屋顶花园 多多田园 乐乐养殖园 亲亲欢乐场	们以幼儿园的户外场域作为野趣游戏主要的畅行空间，幼儿可以自主进行场地的选择、预约、规划、调整等，教师做好引领者、协助者与观察者。	香香花苞手环 惊蛰响，虫儿爬泥洞洞 喂养周计划 果实奇遇记 自制冰花 植物印染 花草笔记 搭建鸟窝 蚯蚓日记 植物浇灌器 堆肥器 花草风向标 动感喷泉 小小捕虫器	何教育手段，幼儿开展自主学习。当幼儿用自己的方式、节奏自然地学习时，他们内在的生命是绽放与自由的。自然课堂以直观的方式、真实的态度，引领着幼儿去看、去听、去感受。让幼儿浸润于自然环境中学习、探究，积累关于大自然的感知及经验。	做个小孩和风一起玩！ 花呀！草呀！树呀！你好，四季！	源，积极鼓励幼儿与园子里的人交往、与园子里的物互动，沉浸发现自己生活圈内有意义的故事，拓展幼儿的生活经验。
中班	上学期	小小骑行区 阳光挑战场					
中班	下学期	小山坡游戏场					
大班	上学期						
大班	下学期						

136

"和风印记·生活亲历活动"包含城市寻迹、艺术漫行、节日庆祝,具体安排如下表。

"和风印记·生活亲历活动"课程设置表

年龄段	学期	城市寻迹 内容	城市寻迹 说明	艺术漫行 内容	艺术漫行 说明	节日庆祝 内容	节日庆祝 说明
小班	上学期	我们的社区 商贸广场 游乐园大草坪	城市寻迹以主题活动的方式推进"城市印记"游学,引导幼儿了解家乡历史、文化、科技等方面的内容。	【园内漫行】 石头音乐会 风的足迹 花草艺术 拜访大树 水上舞者	艺术漫行就是开展特色艺术活动。艺术活动是幼儿园精神生命活动的表现,是幼儿感性地把握世界的一种方式,是表达对世界认识的另一种"语言",我们除了在园内开展特色艺术活动,还有意识地带领幼儿行走于社区的传统民间艺术	【传统节日】 春节 元宵节 端午节 清明节 中秋节 重阳节	节日是生活中值得纪念的日子,是生活仪式感的体现。节日庆祝活动是我园弘扬校园文化、打造园所特色的有效途径,是拓宽幼儿园生活课程内容、丰富幼儿精神生活的育人契机。我园以"传统节日""现代节日"
小班	下学期	宠物医院 慧海湾湿地公园 贡湖湾湿地公园					
中班	上学期	巡塘古镇 大溪港湿地公园 大运河		【园外漫行】 美术馆 音乐馆 博物馆 泥人馆		【现代节日】 妇女节 劳动节 国庆节 儿童节	
中班	下学期	净慧寺 文化宫 藻水分离中心					
大班	上学期	交警大队 消防队 地铁站				【园本节日】 春生:种植节 夏长:嬉水节	
大班	下学期	老年活动中心 少年宫					

续表

年龄段	学期	城市寻迹		艺术慢行		节日庆祝	
		内容	说明	内容	说明	内容	说明
			城市寻迹以主题活动的方式推进"城市印记"游学，引导幼儿了解家乡历史、文化、科技等方面的内容。	【园内漫行】石头音乐会 风的足迹 花草艺术 拜访大树 水上舞者 【园外漫行】美术馆 音乐馆 博物馆 泥人馆	和地方民俗文化活动场所，让幼儿置身其中，感受艺术的熏陶。	秋收：晒秋节 冬藏：冬至节	"园本节日"为活动主题线索，努力营建具有"和风"特质的文化课程，为幼儿打通一条更自然、更开放的学习途径，强调幼儿在亲历实践中，自然获取新的知识经验，促进幼儿多元学习和整体发展。

【课程实施】

一、细化目标要求，把握好课程实施的方向

在和风细雨的滋润下，我们期待每一个幼儿都能努力成长为最好的自己。为此，我们深入剖析"和风·自然行"园本课程的总目标，然后根据不同年龄幼儿的经验水平，细化相应的年龄段目标要求，把握好课程实施的方向。具体内容见下表。

育人目标（生长能量）	年龄段	具体目标
敏探究	小班	展现出对周围新事物的兴趣，经常问各种问题，对自己感兴趣的事物或现象能仔细观察；能用多种感官探索身边常见的自然事物，仔细观察并发现其明显特征。
	中班	对新事物能专注观察、反复摆弄并乐在其中，能提出问题，并通过简单的调查收集信息；学会运用观察、猜测、测量等方法对特定的自然事物或现象进行记录。
	大班	善于用不同的方法解决问题，不能解决时会主动提问，对探索中的新发现感到兴奋和满足；会运用连续观察、比较分析、实验操作，以及在成人协助下的调查研究等方法，发现不同种类自然物的特征。
乐合作	小班	能和同伴一起生活，共同游戏，体验一起玩的乐趣。
	中班	能在生活游戏探究中进行两两合作，愿意倾听和讨论解决问题，有初步的合作意识和能力。
	大班	能通过分配和分工，交流和讨论解决生活探究中的问题、游戏中的挑战等，有一定的小组合作经验。
敢创造	小班	能清楚地表达自己对自然事物的粗浅认识与感受；能用声音、动作、简单的线条和色彩等，基本表现出观察到的自然事物或情景。
	中班	能基本完整地讲述自己对特定事物的所见、所想，观点较全面，讲述较连贯；能用绘画、手工制作、表演等艺术方式，较生动地表现自己观察到的或想象的自然事物及情景。

续表

育人目标（生长能量）	年龄段	具体目标
敢创造	大班	能有序、连贯、清楚地表达自己对自然事物的认识与理解，观点有一定的独创性，语言较生动、丰富；能用具有一定创造性和美感的艺术表现方式，表达自己在自然探索过程中的认识。
有自信	小班	愿意和小朋友一起游戏；愿意尝试新事物、新活动；在鼓励下能独立做事，并觉得自己很能干。
有自信	中班	愿意分享和展示自己的优势；能运用介绍自己、交换玩具等简单技巧加入同伴的生活与游戏中；能基于自己的兴趣做出选择；面对挑战敢于尝试；对艺术表达有自己独特的想法，对探索中自己的新发现感到满足，有胜任感。
有自信	大班	能想办法吸引同伴与自己游戏；做事有目标、有计划，相信自己能够完成；与别人看法不同时，敢于坚持自己的意见，并说出理由；能寻找挑战，有一定的冒险精神；有独特的艺术创造力和初步的科学创造力。
能坚持	小班	在成人的支持下，能保持对一个活动的持续参与，有耐心；当需要无法得到满足时，可以容忍适当的延迟。
能坚持	中班	面对挑战时，能坚持一段时间；对生活中的界限能理解，愿意因此等待或管理自己的情绪。
能坚持	大班	遇到困难时，能通过调整方法、自我鼓励、寻求帮助等方式解决，表现出积极性和活力；通过坚持练习，发展一定的运动技能和管控身体的能力。
会尊重	小班	愿意倾听别人的想法；对人有礼貌；在公共场所，能约束自己的行为。
会尊重	中班	尊重他人的物品和劳动成果；接纳别人不同的习惯和想法；能遵守集体规则。
会尊重	大班	能了解文化的多元，喜爱和欣赏本土文化；理解和尊重其他地域的文化。

二、积极整合资源，确保空间环境的支持

基于幼儿园现状，我们积极整合自然资源、社会资源、文化资源，并努力挖掘与幼儿心灵契合的教育资源，探寻空间、环境、游戏、生活与幼儿发展之间的关系点，最终形成园本课程的材料库，成为达成园本课程目标的桥梁。

1. 绘制能互动的"自然行走"地图

课程资源地图是将幼儿园课程实施所可能开发利用的资源直观地表达出来，意在贴近幼儿真实生活来构建课程内容。我们将教师、幼儿、家长、社区都直观"卷入"课程实施图景之上，成为一个人与人、家与园、园与社区产生有效互动的实施媒介。我们不断追随幼儿的兴趣与实际需要，也尝试破除区域界限，使资源能够成为幼儿室内、户外、园外互通互融的"游戏玩伴"，让各种资源随着幼儿的兴趣和意愿能够被无限拓展。

2. 创新有温度的"自然行走"形式

幼儿的经验是幼儿在日常生活和学习过程中，与周围环境相互作用而产生和发展的。"行走"可以拓宽幼儿活动的空间，让他们在班级间、园内、园外自由"行走"，快乐游戏，与同伴、教师、环境积极对话，探索发现，自主学习，积累经验，提升能力。例如：我们在户外野趣游戏环节，打破平行班之间的界限，让幼儿在班级与班级之间自由"行走"，自由选择户外野趣游戏区域，共探感兴趣的项目活动。又如：我们的混龄交往活动，在小班幼儿刚入园时，开展"小黄帽行动"，由大班幼儿带领小班幼儿找班，扩大幼儿交往范围，小朋友之间的相处也更能消除小班幼儿的焦虑感。

三、通过多角度实施路径，提升幼儿综合能力

我们通过"自然对话""自然行走""自然创造"三条路径实施课程，让幼儿在自然真实的环境中感受体验、操作探究、交往合作，积累与丰富经验，自然成长。

1. 自然对话

《指南》中指出，幼儿的学习是以直接经验为基础，在游戏和日常生活中进行的。我们引导幼儿行于自然，拓展幼儿自然实践的空间和范围，拓展幼儿的视野和经验，让幼儿亲近自然的天性与丰富多样的大自然相遇，鼓励幼儿积极与自然对话，引领着幼儿去看、去听、去感受，充实幼儿的心灵世界，发展幼儿的多种能力。

2. 自然行走

我们支持幼儿参与一日生活中与自己有关的决策。一方面，幼儿具备选择权，可以自主选择外出行走的时间、地点和路线；另一方面，幼儿具有规划权，他们可以商量外出行走的计划，如与谁一起行走、行走中做什么、怎么做、行走后可以收获什么等，幼儿可以充分自主，充分满足幼儿的意愿、兴趣和需要，体现了以幼儿为本的教育理念。

3. 自然创造

幼儿走出室内，走向户外，为幼儿提供了大量的机会。他们自由奔跑、跳跃和攀爬，有助于实现身心健康发展。在行走过程中，他们实地观察、积极探索，还能动手操作，自然而然地获得新经验，拓展新思维，从而为创造提供了更多的可能性。

为了使课程具备生长性，需要教师对幼儿的兴趣、能力与发展需求作出有质量的回应。在课程实施前，我们会通过教师的观察，发现和分析幼儿的活动兴趣点、有发展价值的问题，并以此为依据确立课程主题。然后通过师幼对话，预设主题网络图。在课程实施后，会进行复盘活动，组织幼儿分享、回顾并展示学习经历和学习经验，赋予课程生长性。

【课程评价】

课程评价主要包括对课程实施效果的评价、对幼儿发展的评价、对教师发展的评价。

对课程实施效果的评价，主要通过集体课程的审议、课程案例的交流、主题方案的分享、学习资料的整理、课程资源库的建设等来综合评价。

对幼儿发展的评价，主要通过幼儿学习故事、日常观察记录、幼儿作品、儿童日记画、各类展示活动等进行综合评价。还会通过每个主题、每个学期结束后的对应评价，全面衡量幼儿兴趣、态度、情感、交往、学习、能力等多方面的发展状况，了解幼儿的纵向发展情况。

对教师发展的评价，主要通过班级环境创设、日常观察记录、课程故事交流、主题活动分享等综合进行评价。同时，关注幼儿、同事、家长对教师的评价，做到自评与他评相结合。在评价结果上，不仅注重教师当前的现实表现，更重视教师的未来发展。

江苏省无锡市新吴区和风幼儿园　周白鹭　周柯檬　邹洁

"趣浸童年"园本课程实施方案

【课程背景】

幼儿园课程建设是一项长期的、复杂的工作，也是一项对幼儿园教育质量的提升至关重要的工作，关系到幼儿的发展。构建适宜幼儿发展的课程并努力落实，是实现幼儿园培养目标的重要途径。我们根据《指南》和对课程的理解，构建出符合幼儿学习特点、身心发展规律的"趣浸童年"园本课程。以虞永平教授的"全收获"理念为依托，在"全收获"理念的指导下，积极开展幼儿园种植活动。通过"趣浸童年"园本课程的构建与实施，我们对种植活动进行了深入的探索、体验，立足于儿童视角，以幼儿的"问题"为导向，充分利用生活资源，支持幼儿主动探索、直接感知、亲身体验，使幼儿的探索学习能力得到提升，在多维互动中得到持续发展。

【课程主题】

快乐体验，趣浸童年

【课程目标】

1.让幼儿走进大自然，体验种植之美和劳动的艰辛以及丰收的喜悦。

2.使幼儿在种植实践的过程中，获得种植经验、掌握种植技能、认识常见的农耕工具。

3.促使幼儿在体验种植活动中,萌生爱家乡、爱自然、爱生命的情感,培养幼儿爱劳动、能自理、会表达、好探索、乐创造的学习品质。

4.通过"趣浸童年"园本课程的实施,不断提高教师的专业能力,提升课程建构力。

【课程安排】

根据我园种植活动的目标体系,每个年级组梳理出多元整合有关种植的内容,通过不同层次的课程审议,开发适合不同年龄幼儿的种植活动。课程内容涵盖田园劳作、种植探究、饲养小动物等,活动方式包括集体学习、个别化学习、实践活动等。通过五大领域相关内容的贯通、融合,最大限度地满足幼儿发展的需要。具体安排如下表。

小班上学期活动计划

活动名称	活动要求
有趣的豆芽	1.了解豆芽的外形特征及其生长过程,知道豆芽的营养。 2.给黄豆芽和绿豆芽进行分类,养成爱吃蔬菜的好习惯。 3.通过自己亲自种植豆芽,掌握一些基本的种植方法。
品尝豆芽	1.体验种植带来的快乐。 2.能区分黄豆芽和绿豆芽的不同,愿意表达自己的发现。
黄豆发芽	1.知道豆豆的生长环境以及生长条件。 2.知道一些基本的培育方法。
小小黄豆芽	1.尝试利用彩泥和马克笔进行创作,表现出豆芽的外形特征。 2.通过搓、揉、捏、按、压等技法,锻炼幼儿的手部精细动作。
好吃的蔬菜	1.认识白菜、胡萝卜、西红柿、芹菜等各种蔬菜。 2.了解吃蔬菜对身体的好处。
有用的种植工具	1.认识一些简单的种植工具。 2.会正确使用一些简单的种植工具:铲子、喷壶等。
我会种蒜宝宝	1.通过标记贴,激发幼儿表达自己的想法。 2.培养幼儿善于观察和记录的能力。

小班下学期活动计划

活动名称	活动要求
春天种子发芽啦	1.观察种子发芽的过程，培养对生命探索的兴趣。 2.通过彩泥制作过程中的搓、揉、捏、按、切等技法，锻炼幼儿的手部精细动作。 3.激发幼儿的想象力、创造力。
不同的种植方式	1.认识水培、泥土、沙种植等常见的种植方式。 2.初步掌握简单的泥土种植方式。
有趣的蔬菜拓印	1.能用蔬菜的切面进行拓印，并通过大胆想象，以添画的方式丰富画面内容。 2.感受拓印画的乐趣。
好吃的蔬菜沙拉	1.体验蔬菜的不同吃法。 2.尝试利用胡萝卜、黄瓜、生菜、小番茄、沙拉酱等制作蔬菜沙拉。
好吃的豆制品	1.了解几种常见豆子的营养。 2.愿意并喜欢吃各种豆类及豆制品。
毛茸茸的毛豆	1.能仔细认真地观察毛豆，认识毛豆的主要特征。 2.尝试大胆讲述自己观察的结果。
植物宝宝喝水记	1.能使用喷壶、挤压瓶、带孔的矿泉水瓶给植物浇水。 2.在照顾植物的过程中，萌发爱护植物的情感。
可爱的蝌蚪宝宝	1.知道蝌蚪是青蛙的孩子。 2.运用手指点画表现蝌蚪的造型，体验手指点画的乐趣。

中班上学期活动计划

活动名称	活动要求
自留地的菜	1.在统计中感知不同的统计方法。 2.愿意与同伴一起合作统计自留地里蔬菜的品种及数量。
蔬菜的秘密	1.通过阅读绘本，认识各种各样的蔬菜。 2.知道蔬菜对人体的功能，初步培养良好的饮食习惯。

续表

活动名称	活动要求
蔬菜大集合	1. 知道几种常见的蔬菜名称与外形特征。 2. 能够按蔬菜的形状将其与影子配对。
自留地里的害虫和益虫	1. 初步建立对害虫和益虫的认识。 2. 在讨论中学习赶走害虫的办法。
制作杀虫水	1. 愿意利用辣椒、韭菜、大蒜、洋葱等材料调配出天然药水。 2. 初步了解植物残骸的用途和自然界中的循环作用。
围竹竿	1. 知道有些植物的生长需要围竹竿。 2. 在观察和参与中,了解交叉插架稳定的方法。
种萝卜	1. 感受种植萝卜的乐趣。 2. 在观察萝卜生长变化的过程中,丰富对萝卜的知识经验。 3. 尝试用自己的方式记录萝卜的生长过程,感知萝卜的生长与水、空气之间的关系。
豆子粘贴画	1. 学习豆子粘贴画的步骤、方法。 2. 体验用豆子进行绘画装饰的乐趣。

中班下学期活动计划

活动名称	活动要求
豌豆蚕豆	1. 用普通话朗诵儿歌,练习发准"蚕、睡、吃、花儿"等字和词的读音。 2. 初步了解豌豆、蚕豆加工成豆制食品的过程,喜欢吃豆类食品。
可爱的蚕宝宝	1. 了解蚕的外形特征、生活习性及用途。 2. 能借助工具有顺序地进行观察活动。 3. 萌发对小动物的喜爱之情。
蚕宝宝是怎么长大的	1. 了解、认识蚕宝宝的生长过程。 2. 能借助观察记录,较清楚地表达自己的观察结果。

续表

活动名称	活动要求
土豆一家	1.在玩"土豆一家"的游戏情境中感知休止节奏。 2.能用语言、动作有节奏地大胆表现，体验节奏活动的快乐。 3.尝试为歌曲创编动作。
剥豆	1.通过触摸感知豌豆和蚕豆的不同之处。 2.体验剥豌豆、蚕豆，感知豆豆的形状和大小，发展幼儿的精细动作。 3.激发热爱劳动的意识。
八宝粥	1.通过实践活动，体验制作八宝粥的过程。 2.感受制作美食的快乐，体验烹饪的乐趣。
不一样的小豆豆	1.乐于猜想与讲述，理解不一样的小豆豆经历的情节和内容。 2.尝试用语言、动作、表情等游戏化的方式表达对故事的理解。 3.感受豆豆的心理变化，体验作品中大胆改变自我的美好。
豆豆发芽	1.知道豆豆的生长环境以及条件。 2.能够自己种豆豆，体验种植过程。
蔬菜"肚子"的秘密	1.能较清楚地描述蔬菜的外形及内部结构，并通过观察内部结构猜想蔬菜名称。 2.对观察蔬菜切面感兴趣，初步学习按线索推测切面是哪种蔬菜。

大班上学期活动计划

活动名称	活动要求
有趣的根	1.通过在班级自留地拔白菜、萝卜、土豆等蔬菜的根，感知根的样子，知道不同蔬菜的根有不同之处。 2.了解根具有抓住泥土、固定植物的作用。
好吃的部位是哪里	1.运用统计的方法，了解各种蔬菜的不同食用部位。 2.有了解各种蔬菜特点的兴趣。

续表

活动名称	活动要求
制作浇水器	1.通过制作浇水器的过程,探讨水孔大小、数量,水压与浇水器功能之间的关系。 2.培养幼儿的动手能力和合作能力。
我爱吃粗粮	1.了解一些粗粮以及粗粮制作的食品。 2.知道粗粮的营养价值及其促进人体健康的作用。 3.树立健康饮食的意识,乐意多吃粗粮食品。
蔬菜有多高	1.借助多种测量工具,测量出蔬菜的高度。 2.学会记录测量结果。
为植物找家	1.在区分各种植物的功用的过程中,感知三个集合交集的特征。 2.了解植物与人类生活的关系。
植物过冬	1.了解植物是怎么过冬的,感知冬季植物与气候变化的关系。 2.有探索植物奥秘的兴趣及爱护植物的情感。
一园青菜成了精	1.理解绘本中对蔬菜的表述使用了比喻、拟人和夸张的修辞手法。 2.感受文学作品的风趣、幽默,激发幼儿愿意再次阅读的兴趣。
蚕豆大哥的床	1.理解故事内容,感受故事的趣味性。 2.感受蚕豆大哥及其他豆子的心理变化,并能用语言进行描述。

大班下学期活动计划

活动名称	活动要求
小豆子旅行记	1.了解人体消化器官和食品消化的进程。 2.建立初步了解探索人类奥妙的兴趣。
葱的秘密	1.在剥、捏、剪、吹等尝试中,了解葱的主要外形特征及其用途,发现葱会"唱歌"与葱管的粗细、厚薄、长短有关。

续表

活动名称	活动要求
	2.能运用简单的观察、比较、猜想、验证等方法探索科学现象，提高分析能力。
我为黄瓜搭架子	1.尝试用锯子、木棍、绳子、胶带等材料搭架子，探索架子稳定的方法，感受三脚架的支撑平衡。 2.提高幼儿的合作能力、解决问题的能力。
小小工具帮大忙	1.在采摘蔬菜的过程中，了解采摘工具（剪刀、弯刀、耙子），初步体验和认识工具给人们的生活带来的便利。 2.能正确使用常见的采摘工具，用时注意安全。
会变的芹菜	1.了解植物的毛细现象。 2.通过芹菜变色实验，能够用简单的观察、比较、猜想、验证等方法探索科学现象。
蚕宝宝的一生	1.对饲养活动感兴趣，体验饲养的快乐。 2.能交流自己喂养蚕宝宝的经历，了解从蚕卵到蚕蛹再到蚕蛾的生长过程。

【课程实施】

一、基于幼儿年龄特点，构建课程目标

我们在研读《指南》文件的基础上，结合3—6岁幼儿的发展特点和认知规律，整合五大领域开展种植活动，明确了各年龄段的目标要求，以期在目标的引领下有序地推进课程的实施。具体要求见下表。

领域 年级	健康	语言	社会	科学	艺术
小班	喜欢参加种植活动；掌握简单种植	愿意表达自己在种植活动中的发现	愿意与小朋友一起参与种植活动，	乐意观察感兴趣的植物，能够发现其	能够用添画、粘贴等方式进行艺术创作。

续表

领域\年级	健康	语言	社会	科学	艺术
小班	工具的用法；能够将种植工具放回原处。	和想法；喜欢用照片、图示等方式表达与种植有关的想法。	不争抢种植工具；承担简单的种植任务，萌发照顾植物的意识。	明显特征；能够感知和区分植物的大小、多少、高矮、长短等，并用相应的词语进行描述。	
中班	积极参加种植活动；正确使用种植工具；能够将种植工具清洗干净并摆放整齐。	完整地表达自己在种植活动中的发现和想法；愿意用图画、符号的方式表达与种植有关的愿望和想法。	喜欢和小朋友一起参加种植活动；敢于尝试有一定困难的种植任务；关注植物生长的过程，珍惜生命。	对植物进行观察、比较，能够发现其异同点；感知和区分植物的粗细、厚薄、轻重等方面的特点，能够用相应的词语进行描述。	能够用绘画、泥工、手工制作等方式表现植物的生长。
大班	主动参加种植活动；熟练掌握简单的劳动技能；熟练使用种植工具；喜欢吃瓜果蔬菜；主动将种植工	能够有序、连贯、清楚地表达自己在种植活动中的发现、想法；愿意用图画、符号等方式表达与	主动和小朋友一起参加种植活动，遇到问题愿意向同伴请教；主动承担有一定困难的种植任务，	通过观察、比较和分析，发现并描述不同植物的特征及某种植物前后的变化；初步理解量的相对性，	能够使用多种工具、材料或不同的表现手法表达种植的感受和想法。

151

续表

领域 年级	健康	语言	社会	科学	艺术
大班	具清洗干净并摆放整齐。	种植有关的故事。	并能坚持不懈；关心植物的生长，主动照顾植物，敬畏生命、欣赏生命。	掌握数的概念。	

二、整合资源，营造有准备的探究环境

为了给幼儿营造有准备的探究环境，我们充分整合有效资源。我园室外有着大面积的户外种植园地，室内每个班级又设置了自然角。

各班根据实际情况，每个班在户外种植园地各确定了一块"自留地"，师幼一起"开工"，拔草、清理杂物、翻地、设计标志牌、制订计划。种植初期，各班老师会调查班级内幼儿的认知水平和已有经验，再结合各类植物生长的特点，根据花期、果期等要素，分析各类植物可能蕴含的教育价值，多选择种植根茎类、叶菜类、瓜类、豆角类、谷类等植物，如红薯、萝卜、苋菜、生菜、南瓜、黄瓜、毛豆、玉米、西红柿、油菜等。同时在"自留地"附近设立工具库，添置一些日常养护工具，如水壶、水桶、镰刀等，挖掘类工具，如小锄头、铁铲、钉耙等，收纳运输工具，如小推车、筛子、编织篮等，收获采摘工具如剪刀、耙子等。引导幼儿用图示的方法，将工具分门别类，方便取放和使用。

针对室内自然角，各班会充分利用阳台、走廊、窗台等日照充足的边缘空间，收集瓶、罐、盆、缸等器具，用以养护植物。还形成班级联动，组织幼儿去各班进行观摩学习，并引导幼儿思考，开阔幼儿们的认知和视野，为不断优化各班级自然角的创设与管理提供思路，

也使幼儿积累更多有益的种植经验。

三、做好主题课程，注重开发拓展性课程

我们制定了科学、合理、丰富的种植主题课程，并有序地实施开展，使每个幼儿都能够获得最基本的核心经验。当然，课程并非一成不变，而是依据幼儿的探究兴趣及活动赋予幼儿的发展价值，不断增加、删除、修改或调整，以满足幼儿持续性的探究需求。随着课程的深入，我们注重开发拓展性课程，与当地的农场、生态园、植物园对接，开展观察、种植、饲养、探究等活动。如春天，我们依据幼儿的兴趣，带领幼儿去生态园观察不同的植物、制作草药香包、捞蝌蚪等，使幼儿收获不同的经验与经历。大班幼儿由于问题意识增强，探究欲望强烈，且擅长探究植物生长与环境的关系，于是我们带领大班幼儿参观农业大棚，与工作人员互动，了解无土栽培的秘密，并体验无土栽培，感受科技农业的魅力，以满足大班幼儿强烈的探究需求。

四、依托兴趣，生成项目活动

在课程的实施过程中，我们会倾听幼儿在种植过程中的声音，捕捉幼儿的对话，及时鼓励幼儿进行讨论，从而生发出与植物探究相关的项目活动。例如：幼儿在班级自留地给植物除草时发现了蚯蚓，由此开展了"蚯蚓的秘密"项目活动。由于幼儿的兴趣、已有经验各不相同，我们生发出"蚯蚓生活在哪里""蚯蚓吃什么""蚯蚓的眼睛、嘴巴在哪里""蚯蚓会吃菜吗""蚯蚓为什么能在土壤里生活"等问题，教师引导幼儿成立探究小组，通过观察、讨论、实验、调查、阅读、采访等途径对这些问题进行探究。幼儿在真实解决问题的过程中，心中的问题得到了解答，对蚯蚓有了深入的认识，更为重要的是习得了高阶思维技能。所以，教师要敏锐地捕捉幼儿的兴趣，不断追随幼儿的需要，通过生成不同的项目活动，带领幼儿经历不一样的探秘之旅，不断激发幼儿的探索欲望，实现全面和谐发展。

五、拓展课程路径，深化课程实施

在课程实施中，我们也不断拓展课程路径，深化课程实施，如在生活活动中开展种植活动，以种植活动为基础开展食育活动。

1.在生活活动中开展种植活动

我们秉持"一日生活即课程"的理念，充分利用一日生活中的各个环节，将种植课程渗入幼儿的一日生活。例如：在每日进餐环节，教师鼓励幼儿轮流播报"每日菜谱"，丰富幼儿对蔬菜及相关烹饪方法的认知，锻炼幼儿的表达能力。在种植活动中，幼儿完成给植物浇水、施肥、松土、拔草等任务，培养了"菜地小主人"的意识，以及对幼儿园的热爱和责任感。结合种植活动，教师在小班开展了"生活自理能力比赛"、在中班开展了"动手能力大比拼"、在大班开展了"我为幼儿园服务"等比赛，目的是提高幼儿的生活自理能力，增强幼儿的责任感。

2.以种植活动为基础开展食育活动

在课程实施过程中，我们开展了丰富的种植活动，收获了各种果实、蔬菜。我园又拥有设施完备的生活体验馆，有电磁炉、电饼铛、烤箱、锅碗瓢盆等厨房用品。基于此，我们将食育课程作为一日生活的一部分，融入幼儿园一日活动计划，已经成为我园每个班级的常规活动。我们还多次邀请家长走进生活体验馆，开展亲子烹饪活动，让幼儿在真实的情境中获得真切的体验，感受劳动的快乐，并引导幼儿学会与他人分享美食，形成乐于分享的品质。

【课程评价】

"趣浸童年"园本课程的组织与实施是一个不断改进和完善的过程，需要借助课程评价，获取反馈信息，为科学地组织和实施课程提供依据。为此，在实施课程的过程中，课程评价的要领包括：注重评价主体的多元化、评价体系的完善化、评价方式的多样化。

评价主体的多元化，是指我们充分强调多元主体参与评价，评价人员涵盖了幼儿自评、同伴互评、家长评价和教师评价。

评价体系的完善化，是指我们对标《指南》中五大领域各年龄段幼儿的核心经验，细化了各领域、各年龄段幼儿发展评价指标和评价量表，实现课程诊断、修正、监控的功能。

评价方式多样化，是指我们采用质性评价和量化评价两个视角，针对幼儿和教师的发展进行定期评价。在幼儿方面质性评价中，我们利用种植过程中一对一倾听记录、图文并茂的种植日记、种植主题海报来呈现和分析幼儿的学习过程，关注幼儿的学习动机与兴趣、经验获得、学习品质等方面的发展；在量化评价中借助学期末幼儿综合发展测查和幼儿发展评估核查班级课程落实情况，来评价幼儿整体的发展状况。在教师方面质性评价中，我们分析教师的专业成长，关注教师在活动的组织与实施过程中的专业水平；在量化评价中，借助教师专业技能考核和展示课、论文撰写、课题研究等方面进行综合评议。

江苏省高邮市秦邮幼儿园欧洲城园　刘秀华

"悦读阅享"园本课程实施方案

【课程背景】

《纲要》明确提出：各类幼儿园应从实际出发，因地制宜地实施素质教育，从本地、本园的条件出发，结合本班幼儿的实际情况，制定切实可行的工作计划并灵活地执行。我园一直以来以"悦读与研修同行"为主旨，以"书香特色"为支架，以阅读为抓手，积极开展书香教育特色课程的建设，坚持文化立园、文化强园、文化兴园，在尊重幼儿年龄特点和关注生命成长的基础上，不断探索自主发展的路径。

随着对园本课程建设的深入，我园根据《纲要》《指南》的精神，以国家的法律法规及相关政策为指导，以本园的开办历史和所处实际情况为基础，以幼儿生活经验为起点，通过幼儿、教师及家社协同，积极推进基础课程与特色课程的融合，建构了适合本园发展的"悦读阅享"园本课程。"悦读阅享"园本课程坚持以"健康自信、喜欢阅读、善于表达、有初步责任感"为培养目标，通过课程实施让幼儿在涓涓不息的阅读文化的浸润下，培养幼儿健全的人格、发展幼儿广泛的兴趣、激发幼儿创新的精神，以促进幼儿全面和谐发展。

【课程主题】

童心追梦，阅享成长

【课程目标】

1. 锻炼幼儿健壮的体格，形成健康行为，能情绪稳定、积极大方地参与一日活动。

2. 喜欢听故事、看图书，有良好的阅读习惯，使阅读成为生活日常。

3. 乐意与人交流，会围绕主题自主、大胆地运用包括语言在内的多种方式进行表达和表现。

4. 能与同伴共同协商各类一日生活规则，乐意共同遵守，乐意与同伴合作，乐意完成各项班级、小组、个人的小任务。

【课程安排】

"悦读阅享"园本课程内容的设置以《纲要》《指南》为指导，结合本园"具身认知视野下幼儿绘本阅读实践研究"的相关物化成果，在幼儿的一日生活各环节中实施并不断优化课程。

基础性课程内容从幼儿当时的兴趣和需要出发，以其他版本的课程素材加以调整和补充，具体安排见下表。

基础性课程内容一览表

学期	小班	中班	大班
上学期	我上幼儿园啦	成长的快乐	我是大班小朋友
	秋叶飘	祖国妈妈过生日	我是中国娃
	我喜欢	美丽的秋天	金色的秋天
	图形碰碰乐	动物欢乐月	动物王国
下学期	雪花飘飘	冬爷爷的礼物	拥抱冬天
	亲亲热热一家人	你快乐，我快乐	小问号探宝
	我的故事	春天在哪里	我们找到了春天
	春天的秘密	我身边的科学	环保小卫士
	六个好宝贝	我们居住的地方	各行各业的人
	欢乐一夏	热闹一夏	告别可爱的幼儿园

拓展性课程内容是本园在经历了长期的教育教学实践、课题研究积累后，凝聚教师集体智慧进行梳理总结、反思调整后，形成的具有本园特色的课程。它以特色主题的形式融于园本课程之中，是对基础课程中基础主题的有益补充与拓展，具体内容见下表。

拓展性课程内容一览表

学期	小班	中班	大班
上学期	小小的，大大的	奇妙的洞	我的地图书
	果蔬营养多	花格子大象艾玛	母鸡萝丝去散步
	石头创想曲	奶奶是个宝	节气之旅
	奇奇画蛋	天生一对	月亮的味道
	……	……	……
下学期	忙碌的车	妈妈我爱你	风筝飘飞的时节
	颜色蹦蹦跳	我的影子朋友	拥抱春天
	百鸟朝凤	中国茶	盘中餐
	小粽子，小粽子	"纸"为遇见你	"布"里生花
	……	……	……
备注	特色主题活动供各年级、各班教师自主选择，每学期、每学年都会根据新增主题，通过园部集体审议后进行补充，用以不断丰富特色主题活动的资源。		

【课程实施】

一、成立课程管理组织

为了保障课程的顺利实施，我们建立了课程管理组织，分为课程管理领导小组、课程开发研究小组、课程实施小组。

课程管理领导小组由园长、业务园长、教研组长、课题组长、年级组长等人员组成，每学年分上、下学期开展园部审议、梳理、汇总，主要负责幼儿园课程方案的制定、学期中心组审议、课程实施质量评价、学年方案调整等。

课程开发研究小组由业务园长、教研组长、课题组长、骨干教师等人员组成。每学期分前期、后期两次进行集中研讨，主要负责特色课程的开发设计、课程内容的园本化改造、课程资源的综合利用等。

课程实施小组由教研组长、年级组长、骨干教师、班主任组成，开展两周一次互动式交流研讨、集体审议活动，进行课程实施反馈、案例分享、学习故事交流、一对一倾听实践等，以保证课程高质量、高品质实施。

二、建立各项制度保障

课程的有序进行，离不开制度的保障。为此，我们建立了完善的课程审议制度、持续性沉浸式教研制度、教研训混合式研修制度、经费保障制度。

1.课程审议制度

幼儿园建立了班级、年级组、园级三级审议制度。

（1）班级

针对本班主题需求，开展前、中、后审议。

（2）年级组

每个主题开始前进行课程前审议，主题行进中开展中审议，结束后进行后审议。每学期各年级组进行一次课程调整记录，标出删减、增加的内容，并做好反思记录。

（3）园级

依据《纲要》和《指南》的精神，以幼儿发展为本，分别在学期初、学期末，由园部中心组开展全园课程方案审议与调整。每学年园部中心组修订一次园本课程方案，不断完善和优化园本课程。

2.持续性沉浸式教研制度

幼儿园以"儿童利益优先、儿童平等发展"为教研导向，以持续跟踪儿童半日活动为基础，关注幼儿在生活、运动、学习、游戏中的表现，形成具有园本化、班本化特性的教育方案，以及一日活动指导策略等。提倡研究儿童行为，持续进行沉浸式研讨，进一步促进课程实施科学化、规范化。

园部、教研组形成"驻点式调研"本园各类活动现场常态化机制，每周深入各班保教现场，发现问题、聚焦重点，开展研讨。

园部、教研组形成"蹲点式参与"本园各级研训现场常态化机制，定期深入年级组、分层研训小组活动，了解教师课程审议、课程实施、研训等方面的情况，主动提供支持，促进教师课程实施能力的提升。

3. 教研训混合式研修制度

幼儿园把教研与培训相结合，将专项调研、保教分析、阅读课程档案、集中讲座、骨干引领、分组审议、现场实操、分享交流、观摩展示、研讨展评、自主研修、二级传达、专题培训、个别指导等多种方式有机结合。通过共享式、对话式、活动式、操作式、反思式、跟进式等多元方式，以混合式研修进一步促进教师的专业成长，全面提升教师的专业素养，确保课程实施的质量。

4. 经费保障制度

幼儿园一切开支以满足课程实施为第一前提，配置课程实施所需的设施设备、材料资源、专业书籍、教玩具等，提供教师培训所需的经费，建立教科研专项基金，在绩效考核方案中设立课程建设优秀成果奖等。

三、统一思想，达成共识

"悦读阅享"园本课程以基础课程园本化实施为重点，以园本课程适宜性改造为抓手，以班本课程动态性生成为补充，根据幼儿发展需要进行审议、删选、预设、生成、重构、整合，科学制订课程计划，合理安排基础课程内容，自主选择特色主题，高质量组织生活、运动、学习、游戏，有效落实"一日活动皆课程"理念。

在课程实施中，需要所有践行者认同其理念，统一思想，达成共识，共同为课程的实施做出努力。

1.以课程审议和课程重构为抓手，立足对基础课程的目标、内容、环境、资源、实施与评价等方面的调整完善，不断提升课程实施的适宜性。

2.持续开展课程资源的有效开发和利用，充分挖掘校园内外各类资源，各班、各年级有计划、有目的地利用各类资源开展多样化的实践活动，构建具有园本特色的、可操作性强的园本课程资源地图。

3.持续完善园本课程结构，凝练书香课程核心价值，突出阅读特色主题教育成果在园本课程实施中的推广与运用，在原来的基础上与时俱进地不断优化和调整课程的构建。

四、特色课程进一步融入基础课程

我园一直致力于打造书香特色，在园本课程的实施中，我们在之前的基础上不断使书香特色有效融入基础课程之中，不断丰富课程架构。

1.深化班级阅读区环境的改造

为了进一步改造班级阅读区的环境，我们通过空间规划布局的调整、阅读材料的优化，更加突出阅读特色，营造浓郁的书香文化氛围。还拓展了视听、讲述、操作、绘制等功能区，进一步丰富幼儿的阅读感受，可以更好地促进幼儿自主阅读，培养幼儿良好的阅读习惯。

2.用好公共阅读室

为了更好、更方便地使用公共阅读室，使阅读室真正发挥作用，我们设置了多样化的方式供幼儿选择，如幼儿可以选择自主预约，或与同伴协商约定，或定期轮流阅读等方式，方式多样且蕴含了一定的规则，使公共阅读室使用起来变得有序、实用，确保了公共阅读室的使用频率以及幼儿参与公共阅读室活动的质量。

3.拓展区角之间的联动

在体验式阅读主题推进中，我们注重阅读区与其他区域的紧密联系。例如：阅读区与美术区联动，可以让幼儿的阅读感受通过绘画的形式进行表达与创造；阅读区与科学区联动，可以让幼儿通过做中学、玩中学的直接操作，亲身体验阅读中有趣的画面效果，加深对阅读的理解，从而更好地感知知识；阅读区与戏剧体验区联动，幼儿通过故事表演，再现故事情节或对故事进行重组，可以提高幼儿之间的合作能力、创造能力。

4.开展丰富的体验活动

我们以每学年举办一次的"绘本生活节"为载体，以"读一本好书，沐一场春光"为主题，开展了丰富的体验活动，并且从1.0版本不断升级到5.0版本。在每年春暖花开的4月，我们还会通过"书香家庭推选""户外阅读日""三十天亲子阅读打卡""走进市区图书馆""书香宝贝秀""最美乡音故事""图书换绿植""绘本跳蚤市场""红色绘本亲子故事云上展播"等活动，不断拓展活动途径，让教师、幼儿、家长都在活动中更深刻地体验阅读的独特魅力，自然地卷入书香特色课程的建设之中，使我们的活动花样翻新，促使幼儿阅读的兴趣不断高涨。

【课程评价】

我园在课程评价中，邀请教师、幼儿、家长、专家共同参与，紧密地将课程评价与幼儿一日生活链接起来，注重过程性、反馈性、调整性、跟进性。建立以内部评估人员为主、适时借助外力深化评价实践的渠道，将特邀专家、家长代表、本园本班幼儿等都纳入到评估人员中，改变以往打分、考核、评比的评价方式，形成"共性问题专题研训、共同商讨，个性问题个性化支持"，真正达到以课程评价促课程建设的目的。为了强化教师的自我评估，根据《评估指南》精神，我园建立了课程评价层级网络，审议并设计不同的评价量表，聚焦班级观察、一日活动的跟踪，形成有效的课程评价机制。

在评价内容上，我们将课程实施评价、幼儿发展水平评价、教师专业能力评价和园所高品质发展评价相结合。课程实施评价包括环境创设、一日活动（生活活动、户外活动、游戏活动和学习活动）、家园共育等；幼儿发展水平评价包括幼儿的兴趣、态度、情感、交往、认知的成长；教师专业发展评价包括活动组织、儿童观察、环境支持、家长工作等方面；园所高品质发展评价包括特色课程内涵建设、科研引领教改、课程游戏化实践、园所文化彰显等方面。

江苏省无锡市通江实验幼儿园　李烨

"生活教育"园本课程实施方案

【课程背景】

《纲要》明确提出：各类幼儿园应从实际出发，因地制宜地实施素质教育，从本地、本园的条件出发，结合本班幼儿的实际情况，制定切实可行的工作计划并灵活地执行。根据课程改革的导向，我园全面贯彻党的教育方针政策，秉承"乐真、乐善、乐美"的办园理念，以"以苗为本，用爱养育，为幼儿的快乐人生打好基础"为办园宗旨，坚持以"乐"文化为载体，打造师幼的"乐"园。我园拥有瀑布沙水区、野趣小山坡、民俗一条街、农家院子、科探长廊等特色户外活动区，基于园本特色，我们积极挖掘、整合家长、社区等人文和自然资源，践行"生活即教育，社会即课堂"的理念，构建了"生活教育"园本课程。"生活教育"园本课程以幼儿发展为本，遵循幼儿的自然发展规律，尊重幼儿的年龄特点与生活经验，以幼儿的一日生活活动为载体，构建完整的生活教育课程体系。从内容的选择、活动的组织与开展，我们以期做到既贴近幼儿的已有生活经验，又有助于拓宽幼儿的社会经验；既体现内容的丰富性、时代性，又注重幼儿生活学习的必要性和可行性。

【课程主题】

以苗为本，用爱养育，为幼儿的快乐人生打好基础

【课程目标】

1.着眼于幼儿最基本的经验积累，使每个幼儿积累相应的体验和感受，获得最基本的发展。

2.关注幼儿的生活，充分利用自然资环境和社区教育资源，扩展幼儿生活和学习空间，提高幼儿的各项能力。

3.通过课程的实施，提高教师的课程意识，注重"学习—实践—反思—实践—总结"的过程性研究，全面提升教师建构课程的能力。

4.开发利用本土资源，丰富课程资源，适应社会发展需要，建设一套具有本土特色且适合教师运用和幼儿发展的课程。

【课程安排】

依据《纲要》中"课程内容编排要注重系统性、整体性和综合性。教育内容要根据教育目标和幼儿发展的实际水平选择，做到既考虑幼儿已有经验，又有助于形成符合教育目标的新经验；既贴近幼儿生活，又立足于形成符合教育目标的新经验；既体现内容的丰富性、时代性，又注重幼儿学习的必要性和可行性"的课程理念，我们在课程园本化实施过程中，既确保为幼儿提供其终身发展所需的基本经验和机会，又能适应个体幼儿的特殊需要。因此，我们以课程的功能分为基础性课程、特色课程和辅助课程。

基础性课程是指面向幼儿园全体幼儿，以探索性主题活动为载体，体现促进幼儿基本发展需要的课程。特色课程是指我园在经历了长期的教育教学实践后，发挥教师群体力量进行反思、总结、调整而形成的具有园本特色的课程，注重关注幼儿的实际生活经验，根据主题活动的目标、内容以及幼儿的兴趣和发展需要，创造性地进行环境创设，充分利用每一块空间，投放不同种类、不同层次的自然材料，让幼儿在与材料的互动中，既培养了自身以物代物、一物多用的意识，又发展了动手能力、想象创造能力和发散性思维能力。辅助课程是指开展亲子游戏、社会实践活动，作为基础性课程和特色课程的补充。也会邀请社区人员来园进行助教活动，可以拓宽幼儿的视野、丰富幼儿的经验、激发幼儿的潜能，从而促进幼儿的全面发展。具体安排如下表。

学期	小班			中班			大班		
	主题课程	特色课程	辅助课程	主题课程	特色课程	辅助课程	主题课程	特色课程	辅助课程
上学期	我的幼儿园真好	我爱幼儿园彩色游戏棒	亲子活动"入园适应"	我升中班啦	别说我小我爱我班	亲子活动"认识哥哥姐姐"	我是哥哥姐姐	新年新希望长大以后	家长助教活动"我长大了"
	一起玩真快乐	我和老师一起玩我和你在一起	亲子活动"爸爸妈妈和我一起玩游戏"	做个好朋友	换名片好朋友画像	家长助教活动"好朋友"	中秋月儿圆	好吃的月饼赏月	亲子活动"和爸爸妈妈制作月饼"
	秋风吹来了	水果丰收了美丽的秋天	社会实践活动"走进田地"	果实熟了	采茶摘果子	社会实践活动"花生熟了"	丰收的果实	秋收真快乐我是一颗小种子	社会实践活动"玉米丰收大会"
	水果甜甜	大苹果水果	社会实践活动	幼儿园是我的	幼儿园是我家	家长助教活动	有趣的小动物	哥哥和蝈蝈	家长助教活动

166

"生活教育"园本课程实施方案

续表

学期	小班			中班			大班		
	主题课程	特色课程	辅助课程	主题课程	特色课程	辅助课程	主题课程	特色课程	辅助课程
上学期		娃娃	"走进蓝莓园"	家	游园会	"好玩的玩具"		动物吃什么	"神奇的动物"
	天冷我不怕	下雪啦屋里真暖和	家长助教活动"我会保护自己"	会说话的标志	幼儿园的标志我设计的标志	社会实践活动"走进公交站"	水的秘密多	沉浮水与盐	家长助教活动"关于水的秘密"
	新年真快乐	新年来了红灯笼烟花	社会实践活动"走进超市"	欢迎您冬爷爷	冬天的美食冬天的服饰	亲子活动"吃饺子"	寒冷的冬天	树叶找家过冬的房子	家长助教活动"预防疾病"
下学期	可爱的家	我爱我家我的家庭成员	亲子活动"和爸爸妈妈玩游戏"	这就是我	宝宝长大了快乐的我	家长助教活动"这就是我"	元宵节喜洋洋	吃元宵好玩的灯笼	亲子活动"制作灯笼"
	热闹的马路	马路上的车马路上的美食	家长助教活动"安全过马路"	春天你好	美丽的春天春天的雨	亲子活动"画春天"	我的伙伴多	我的好朋友们交朋友	社会实践活动"你好朋友"

167

续表

学期	小班 主题课程	小班 特色课程	小班 辅助课程	中班 主题课程	中班 特色课程	中班 辅助课程	大班 主题课程	大班 特色课程	大班 辅助课程
下学期	春姑娘来了	春天什么样轻轻的春风	亲子活动"郊游"	谁不说俺家乡好	我的家乡家乡的味道	家长助教活动"家乡的景"	春天在哪里	春游小菜园	社会实践活动"春游"
	过节真开心	盼"六一"六一真快乐	亲子活动"六一游园会"	快乐的"六一"	节日服装敲起来唱起来	亲子活动"快乐游园会"	你好，书	我的书签有趣的图书幼儿园的图书馆	家长助教活动"爱书的孩子"
	彩色世界	五颜六色美丽的颜色	社会实践活动"我眼里的景色"	纸的故事	多种多样的纸纸的来源	亲子活动"制作纸"	寻找小虫子	虫子的家在哪儿虫子的特殊本领	社会实践活动"田地里的虫子"
	快乐的夏天	哪里最凉快快乐	家长助教活动"河边	生活小帮手	转转转动物网吧	家长助教活动"家	你好，小学	我的小学幼儿园纪	社会实践活动"参

168

续表

学期	小班			中班			大班		
	主题课程	特色课程	辅助课程	主题课程	特色课程	辅助课程	主题课程	特色课程	辅助课程
下学期		小青蛙夏天大雷雨	我不去"			里的小工具"		念册我的毕业照	观小学"

【课程实施】

一、确立课程保障措施

1. 组织保障

成立园本课程建设领导小组和工作小组，保证园本课程的顺利建设与实施。领导小组成员由园级领导、中层干部、教师代表三个层面组成，工作小组由业务领导、骨干教师、教研组长组成。领导小组和工作小组明确任务和分工，既各负其责，又互相支持与配合。

2. 经费保障

积极投入幼儿园课程改革经费，用于园本课程的开发、园本环境的创设、教师的培训与奖励、教学用具的添置等，为课程的实施提供便利条件。

3. 制度保障

建立课程的学习制度、集体审议制度、年级组集体备课制度、评价制度、专项经费表彰制度等，确保课程建设与实施的顺利进行，保证园本课程的不断完善。

4. 机制保障

建立幼儿园课程持续发展机制、课程改革奖励机制、教师课程技术培训机制等，确保课程方案的全面实施。

二、通过主题活动实施课程

在多姿多彩的生活中，幼儿无时无刻不在经历着生动又有趣的生活变化。幼儿的需要和兴趣是教学活动得以开展的前提，幼儿愿意活动、喜欢活动，也是幼儿在活动中获得发展的重要条件。教师要去观察幼儿，熟悉、了解他们的需要和兴趣点。生活化主题活动实施的目的就是要使每一个幼儿在他们原有的水平与基础上得到发展与进步。教师要对他们外显的行为给予不断的观察，真正走进幼儿的生活世界，了解每个幼儿的认知水平、情感态度和个性差异等，不断生成幼儿感兴趣的主题，从而更好地实施主题活动。需要注意的是，幼儿通过学习而成长，幼儿的一日生活是幼儿学习的重要内容，日常生活中体验性、探索性的知识对幼儿具有重要的教育价值，教师也要注重在幼儿的一日生活中进行随机教育，通过随机教育生成幼儿感兴趣的主题活动是实施主题教学的有效途径之一。

在教育教学实践中，幼儿的兴趣点有时会转移，教师要注意灵活调整教学计划，将预设的主题及时进行调整、更新与补充，从原先的追随计划逐渐变成追随幼儿，以幼儿为本，不断激发幼儿可持续的探索学习行为，让幼儿成为学习的主人。

生活化主题活动中，视幼儿的学习是一个主动参与和探究的过程，这就意味着教师和幼儿作为活动的双主体，它的实施要求教师敏锐地提供和捕捉师幼合作及幼儿独立探究的学习情境。由于幼儿缺乏经验，他们的活动常常受到无意和形象性思维等特点的制约，对主题的探索往往无法扩展得更加深入，这就需要教师抓住适当的时机，借助当时的情景、材料，采取适当的策略，运用多种方式拓展、深化主题，使幼儿对主题有持久的兴趣。

三、通过区域活动实施课程

区域活动是一种以强调幼儿的主体性活动为主要特征的教育形式，教师通过创设、提供可供幼儿操作的环境，特别是各种活动材料，让幼儿在和环境的相互作用中主动地探索、学习，从而使幼儿的主动性和实践性在区域活动中得到充分的发展。无论是《指南》还是《评估指南》，都强调游戏是幼儿的基本活动。《纲要》还提出"在生活中快乐探索，在探索中快乐生活"，这就要求教师为幼儿提供充分的时间和空间，创设良好的心理环境，让幼儿在精心创设的区域游戏中自主探索学习。例如：在科学区让幼儿探索电珠发光的现象，在饲养角让幼儿探索蜗牛的生活习性、在自然角让幼儿探索装进塑料袋的花卉是否会枯萎等。幼儿在生活化的区域活动中探索，不断发现问题和解决问题，并互相交流经验和自己的发现，培养了幼儿对周围环境的兴趣和探索精神。

【课程评价】

评价是一个持续的过程，它关注幼儿已有的发展和潜在的发展，以及在发展中的变化。课程评价首先要明确评价的目的。从幼儿发展需要的角度，要全面了解幼儿的发展状况，通过评价促进每个幼儿的发展，并促进教师的自我成长。在明确课程评价的目的后，要按照发展性、合作性、多元性、多角度、多主体、多方法的原则，重视过程、注重差异、重视质性研究等，采取园级评价、教师评价、家长评价、幼儿评价的方式进行，从而对课程实施的各个方面作出客观、科学的评价。

我们注重对幼儿身体、认知、品德与社会性等方面发展的评价，将幼儿发展划分为健康与动作、认知与语言、品德与社会性、审美和艺术表现四大领域，每个领域由若干方面组成。

一、对健康与动作发展的评价

1.通过调查评估及观察幼儿在运动活动中的表现，了解幼儿对参加运动活动的兴趣、掌握的运动技能、与同伴间的友好合作、幼儿的自主探索与创新玩法等，记录幼儿在活动中的闪光点，然后进行分析、研究、反思、推广，以提高运动活动的质量。

2.将行动和研究结合起来,设计运动活动的策略方案,并及时调整研究方案,以保证各项活动的顺利开展。

3.每个教研组针对不同班级每月进行一次运动活动的集体分析,通过教研组的研讨,寻找更为有效的实施策略。

4.在课程实施过程中,把幼儿参加活动前、中、后形成的各种素材进行对照、分析,探索出更好的活动组织形式。

二、对认知与语言发展的评价

1.在活动中观察幼儿的口语表达能力以及阅读习惯是否良好。

2.在自然状态下,教师与幼儿交谈,提出问题请幼儿回答。

3.在日常活动中,针对个别幼儿出现的突出问题进行谈话指导。

4.借助操作材料对幼儿进行有针对性的测查,如根据各种图形让幼儿发展想象创编故事。

三、对品德与社会性发展的评价

1.通过谈话让幼儿知道自己的姓名、性别、年龄、爱好、优缺点。

2.通过对幼儿一日生活的观察,了解幼儿的自信心、独立性、坚持性、合作意识、交往能力以及控制情绪等方面的情况。

四、对审美和艺术表现的评价

1.在日常生活中观察幼儿在艺术活动中的行为表现,如幼儿参加活动的兴趣、对音乐的感受和表现力、艺术技巧的掌握、审美和创新能力等。

2.在欣赏幼儿作品的过程中,教师要站在幼儿的角度,用幼儿的眼光去理解他们试图表现的内容,做到理解和尊重幼儿,对幼儿的作品做出客观的评价。

山东省青岛西海岸新区六汪中心幼儿园 陈晓 穆廷

"生活激能"园本课程实施方案

【课程背景】

大自然和大社会是幼儿成长的摇篮，在幼儿的一日生活中所接触到的事物都是他们学习的载体。幼儿通过与事物的互动，能激起他们的探索欲和表现欲，从而促进幼儿各方面的和谐发展。随着幼儿园课程改革的深入，我园也加入课程改革的行列中，我们根据幼儿自身的发展和需要，充分利用周围环境资源，以周围生活为契机，在生活化、游戏化背景下开展一日生活活动，使幼儿在与周围的小伙伴或者教师、父母进行分享中，促进他们各方面能力的发展。

【课程主题】

走进生活，激发潜能

【课程目标】

1.在幼儿一日生活活动的开展中，培养幼儿自我服务意识和良好的习惯，提高综合能力，促进幼儿的全面发展。

2.通过一日生活中各活动的实施，指导家长关注幼儿生理、心理，能有针对性地进行家庭教育。

3.通过探讨幼儿在一日活动中的生活与学习情况，得出一些基于幼儿生活体验的能力培养的策略，帮助教师掌握适合在幼儿园一日生活中实施的教育方法、策略，促进教育质量的提高。

【课程安排】

"生活激能"课程内容分为一日活动基础性课程与特色性课程。

基础性课程是以《指南》为依据，围绕《评估指南》的考核要点，按五大领域分类，做到保基础、全覆盖，确保幼儿全面和谐发展，具体内容见下表。

基础性课程内容一览表

学期	月份	小班	中班	大班
上学期	9	我上幼儿园啦	长大的我	了不起的我
	10	幼儿园里朋友多	认识我自己	好大一个家
	11	小小的我	金色的秋天	春夏和秋冬
	12	我爱我家	马路上	动物，我们的朋友
	1	过新年穿新衣	欢天喜地	新年到
下学期	3	春天来啦	我的家乡	我生活的周围
	4	可爱的小动物	绿色的春天	生活中的交通
	5	大马路	身边的科学	奇妙的世界
	6	炎热的夏天	动物大世界	我上小学了

特色性课程主要是拓展性课程，不仅以幼儿园周围资源为切入点，拓展幼儿学习生活的空间，也为幼儿的社会交往能力和健康的心理发展打好基础，具体内容参考下表。

特色性课程内容一览表

小班		中班		大班	
主题名称	嵌入个性化	主题名称	嵌入个性化	主题名称	嵌入个性化
我上幼儿园啦	特色亲子活动	长大的我	自我服务活动	了不起的我	成长照片展
幼儿园里朋友多	大带小活动	认识我自己	我喜欢我自己	好大一个家	参观博物馆

续表

小班		中班		大班	
主题名称	嵌入个性化	主题名称	嵌入个性化	主题名称	嵌入个性化
小小的我	小小舞台	金色的秋天	树叶书签制作	春夏和秋冬	网络大调查
我爱我家	特色亲子活动	马路上	和爸爸妈妈一起收集	动物，我们的朋友	宠物乐园
过新年穿新衣	特色手工展活动	欢天喜地	送给家人的祝福	新年到	给小朋友的祝福
春天来啦	草地上的我们	我的家乡	家乡的建筑	我生活的周围	超市购物
可爱的小动物	动物大派对	绿色的春天	小区的公园	生活中的交通	我是小小交通警察
大马路	玩具汽车展	身边的科学	科技馆体验活动	奇妙的世界	"湿地公园"实践活动
炎热的夏天	制作冰淇淋	动物大世界	参观动物园	我上小学了	参观小学

【课程实施】

"生活激能"课程将内容实施融合于幼儿的一日生活之中，不再拘泥于固定的活动时间，而是根据幼儿的发展需要实施开展，进而形成了一个完整的课程实施体系。

一、剖析课程主题，细化培养要求

"生活激能"课程的主题是"走进生活，激发潜能"，我们围绕生活化、游戏化背景下的一日生活，在开展各项活动的过程中，运用画画、涂涂、写写、贴贴的形式，使用绘画、图形、符号等标记将信息记录表达出来，促使幼儿在与周围的小伙伴或者教师、父母进行分享交流的过程中，不断提高各种能力。深入剖析课程主题后，我们从五个维度来对幼儿的具体表现提出要求，详见下表。

维度	具体表现
自我服务	有自我服务意识,能积极参加活动,并有始有终地完成活动。
动作技能	在活动中能全身协调地、灵活地完成操作,能按具体要求完成各种操作。
语言发展	乐意在集体面前大胆讲述,喜欢与同伴交流自己的发现。
探索习惯	喜欢探索发现,有良好的操作习惯,能在活动结束后将操作材料摆放整齐。
情绪情感	在活动中能控制自己的情绪,不骄不躁,与同伴友好相处,共同合作完成活动。

二、成立管理组织,明确管理任务与要求

为保障园本课程的有效实施,我们成立了部门组织,并为不同组织制定了具体的管理任务与要求,详见下表。

组织名称	人员组成	任务	要求
课程管理组	园长、业务园长、后勤园长、科研组长、教研组长	负责课程的全面管理工作,协调课程实施过程中出现的问题,保证课程的顺利开展。	参与新学期课程综合审议一次;每个月开展一次课程实施反馈意见交流。
课程设计组	业务园长、科研组长、教研组长	负责课程的开发,结合《纲要》《指南》理念,围绕课程目标设计活动课程,制定方案。	每个月进行一次集中研讨;每个月进行一次主题审议反馈;每周一次随机督导。
课程实施组	科研组长、教研组长、年级组长、骨干教师、班级教师	负责推行课程的实施,统筹课程实施与评价,开展相关的课题研究与教师培训等活动,并根据实时的变化,不断调整与优化课程方案。	每个月开展一次主题审议反馈;每个主题活动进行两次年级组例会。

续表

组织名称	人员组成	任务	要求
课程协助组	家委会、社区代表	邀请家委会、社区代表参与幼儿园课程实施，提供相应的物质、环境等方面的支持，并积极参与课程调研与反馈。	每学期进行一次例会活动。
课程指导专家组	相关专家	来园指导幼儿园课程开发，追踪课程实施开展情况，指导或参与教师研训等工作。	每学期至少来园进行一次指导。

三、完善相关制度，保证课程实施的顺利进行

1. 多种形式的学习制度

为保证教师课程实施的活动效果，我们结合教师个人发展，通过分组学习与个人研学相结合、集体教研与邀请专家来园指导相结合、网络经验学习与阅读书籍相结合的形式，对课程培训进行全覆盖学习，每一次培训的主题明确、内容具体、互动高效、实录翔实、反馈有针对性，提升了教师的专业能力。

2. 双向形式的审议制度

为确保课程的有效开展，在活动开展前，我们根据幼儿的学习发展情况，班级拟定主题活动内容、年级组互审活动计划、园部审定活动内容，这样审议通过的活动内容再下发到班级开展实施。活动实施开展后，各班围绕活动目标达成、主题材料与环境设计、教育方法与指导、幼儿经验提升等各方面来撰写活动总结，由教研组根据实际情况提出整改意见，最后园部确定调整措施，以促进课程质量的提升。

3. 集体备课制度

智慧是在碰撞中出现火花的，在集体备课的活动中，教师通过经验分享能够有所感悟、激发灵感、探索新思路和新方法，因此，我们

建立了年级组的集体备课制度。根据不同类型的活动从活动主题的产生、活动目标的设定、活动准备的多维度、活动环节的安排、活动重难点的解决、资源的挖掘探索等方面进行研究与探索，形成符合园情、班情以及幼儿发展的活动方案，以此提升活动质量。

4. 专项经费奖励制度

为让教师体会到园本课程建设的成就感，促进园所保教质量提升，我们将园本课程的有效开展情况与教师考核、评优评先结合在一起，通过对幼儿每个月的发展评估情况汇总、班级的主题环境创设的适宜性、班本故事交流会、家长调查问卷等形式，从幼儿、教师、家长三方面进行评估奖励，以此促进教师的专业成长。

四、运用多种教育方式，提升教师课程实施能力

为落实课程的有效运行，保证课程实施的质量，我们依据园本课程内容，根据在日常教育活动中存在的实际问题，有针对性地运用教育策略，推动教师课程实施的执行力。

1. 启发式教育

教师在开展活动的过程中，可以根据幼儿所看所想，围绕他们感兴趣的话题，通过启发式提问、启发式导入，最大限度地调动幼儿的思维，以提高幼儿参与活动的积极性。

2. 情景式教育

教师在开展活动的过程中，可以为幼儿创设一个具体、生动、形象的活动情景，并通过表演的方式把幼儿带入这个情景之中，让幼儿在具体的情景中学习与探索，可以提高幼儿在活动中的可持续性发展。

3. 操作式教育

在课程的实施中会积累丰富的课程资源，教师要充分利用教育资源库，为幼儿提供各种各样的活动材料，引导幼儿在活动中充分动手、动脑、动口，从而获得手脑的协调发展。

4. 观察式教育

教师要通过观察幼儿在活动中的表现，及时记录幼儿的学习动态，对幼儿的发展情况进行分析，从而探索出更加符合幼儿特点，并能促进幼儿发展的教育方法。

五、通过多种途径，促进幼儿各项能力的发展

1. 晨间入园签到

我们通过晨间入园签到来助力幼儿成长，也有利于幼儿读写意识的发展。幼儿每天按时来园的各种不同内容的记录，能有效地提高幼儿坚持来园的兴趣，教师也可以通过幼儿的记录来充分了解幼儿来园的心情，从而更加有效地引导幼儿保持愉悦的心情进入幼儿园的一日活动。尤其大班幼儿面临幼小衔接，对小学生活有了向往，为了帮助他们养成良好的作息习惯，我们在签到墙上为他们准备了闹钟，幼儿来园后观察闹钟的指针，在签自己名字的时候需要记录下签到的时间，在这一过程中可以使大班幼儿知道来园不能迟到，提高他们的时间观念，为后续上小学做好充分的准备。

2. 区域游戏的设置

区域游戏是幼儿喜欢的游戏，在游戏中幼儿可以释放自我，按照自己的意愿来选择游戏、参与游戏、展示自己，极大地满足了幼儿的表现欲。

在图书角，我们为幼儿准备了很多图书。为了激起幼儿的阅读欲望，我们和幼儿一起制定阅读记录表：小班用盖印章的方法给自己喜欢的图书盖上标记，中班用做数学标记的方法记录自己读过的图书，大班的幼儿则用数字记录自己喜爱的图书编号。在这些行为当中，幼儿潜移默化地运用自己喜欢和擅长的方式进行表征和记录，既锻炼了记录能力，又养成了做标记的好习惯，从而在生活中可以更好地学以致用。

在美工区，幼儿可以尽情创造，创作出各种各样的创意作品。为

了激发幼儿更高的学习欲，我们在美工区为他们提供了展示作品的平台，在展示活动中幼儿可以向小伙伴讲述自己作品背后的故事，又可以通过欣赏别人的作品学习新经验。每幅作品既是他们对现实生活的表达，也是创造力的体现，生活经验越丰富，作品就越丰富，再加上天马行空的创造，更加激发了幼儿对周围环境与生活的关注，多方面能力得以不断提升。

在建构区，幼儿成为小小建筑设计师，他们根据自己的经验与认知，建构高楼大厦、亭台楼阁、游戏广场、公园、社区、停车场、超市、医院、菜市场……展示出了他们丰富的生活经验、娴熟的建构技能，而在建构的过程中，幼儿们通过交流与协调、分工与合作，交往能力、合作能力都得到了不同程度的提升。

3.生活自主服务

幼儿形成良好的自主服务意识是人格健康发展的必要途径。通过开展不同形式的记录型的自主服务，能提高幼儿的动手能力、观察能力、自控能力。比如：通过认读穿衣的图解，可以让幼儿了解穿衣的顺序、步骤，学会开衫、套头衫、裤子等不同衣物的穿法，提高幼儿的动手能力。又如：通过观察洗手步骤图，了解正确的洗手方法，养成良好的卫生习惯等。这些自主服务的设计，可以很好地促进幼儿自我服务意识的发展。

4.实践活动的拓展

实践活动是幼儿社会性发展的重要途径，可以拓展幼儿的视野，为幼儿提供更多的学习机会。我们利用幼儿园周边的资源条件，开设了多项实践课程，包括参观小学、超市购物、春游活动、参观博物馆、参观消防大队、参观菜场、走进图书馆、走进社区等。在这些实践活动中，我们还邀请家长参加，在亲子和谐的氛围中家长与幼儿亲密接触、互动，使活动更有意义。实践活动结束后，我们还组织幼儿将自己喜欢的、有意义的、深刻的事情或事物运用表格、绘画、照片等形式进行记录，并与同伴、家长交流，将实践活动进行升华，促进了幼儿素质的全面提升。

【课程评价】

多元的课程评价标准、评价对象和评价主体，是园本课程评价所追求的。幼儿园的一日活动皆课程，生活活动在幼儿园课程中的渗透能较好地提高幼儿各方面的能力，也使幼儿体验了不同的情感，从小树立良好的道德观，塑造健康的人格，热爱美好的生活。"生活激能"课程的实施，使幼儿的语言能力、归纳能力、动手能力、思维能力、协调能力都得到了有效的发展，综合能力得到了提高。为了不断提升课程本身的结构、内容的品质和成效，我们积极地开展课程评价，因为良性的课程评价机制，是促进课程有效持续发展的动力。

在评价幼儿发展方面，我们会通过幼儿在课程实施中的表现、幼儿阶段性的前后对比、社会实践、家长反馈等方式来进行综合评定；在评价教师发展方面，我们会通过课程实施的效果、文字材料的丰富性、学术汇报的逻辑性等方面进行综合评价；在评价课程实施效果方面，我们会通过教师的专业成长、幼儿的发展状况、家长的问卷调查、专家的评估等方式来进行综合评价。

江苏省宝应县城区幼教中心 姚红霞

"完整儿童"园本课程实施方案

【课程背景】

我园以"让幼儿童年快乐,为幼儿一生奠基"为办园宗旨,以"播种文明,哺育希望"为理念,努力营造和谐文明的家园,倾力打造雅尚智慧的师群。幼儿园在多年园本课程的开发研究中,依托幼儿园、家庭、社会三大成长空间,融入"播种文明,哺育希望"的理念和价值取向,以联合国教科文组织发表的报告《教育——财富蕴藏其中》中提出的"教育必须围绕四种基本的学习来重新设计组织"为指导,把"学会认知、学会做事、学会生活、学会生存"这四种基本学习看作是未来社会所需人才应具备的基本素质。基于此,我们以现代文明人为核心,以未来人才基本素质为内容,不断梳理经验、优化相关措施,形成了"完整儿童"园本课程的体系,为成就幼儿的幸福人生奠定良好的基础。

【课程主题】

健康、聪慧、明礼、乐群,让每一个幼儿都成为爱做事、乐求知、善做人、慧共处的完整儿童

【课程目标】

1.积极活动,增强体质,提高运动能力和行动的安全性。

2.初步形成文明生活的态度和习惯，独立自信地做力所能及的事，有初步的责任感。

3.了解并遵守共同生活所必需的规则，体验并认识人与人之间相互关爱与协作的重要和快乐。

4.亲近自然，接触社会，了解人与环境的依存关系，有认识和探索的兴趣。

5.初步接触多元文化，能发现和感受生活中的美，萌发审美情趣。

6.积极尝试运用各种感官和方式进行表达和表现，有一定的想象力和创造性。

【课程安排】

幼儿园课程整体规划是对幼儿园课程各要素及其结构的系统设计和整体安排，课程目标是方向，课程内容的安排是核心，为了更好地实施课程，达到"完整儿童"园本课程的目标要求，课程内容主要分为基础性课程与自主性实验课程来进行，具体安排如下表。

基础性课程内容一览表

学期	小班主题	中班主题	大班主题
上学期	我的新伙伴 一起玩，真开心 我会整理物品 大家一起捡落叶 奇妙的图形世界 小朋友过新年	我们是中班小朋友 中秋月儿圆 你是我的好朋友 美丽的秋天 神奇的动物王国 冬爷爷的礼物	大方自信的大班小朋友 中秋佳节 金色的秋天 动植物王国的奥秘 健身打卡 新年到，喜洋洋 拥抱冬天
下学期	相亲相爱一家人 越来越棒 美丽的春天 六个好宝贝	快乐的小朋友 我们找到了春天 小小科学家 小鸟，你好！	有趣的图画书 小问号 我们在春天里 人们的工作

续表

学期	小班主题	中班主题	大班主题
下学期	小朋友的节日 愉快的夏天	我们爱家乡 热闹的夏天	地球小卫士 我们的六一节 快乐的毕业时光

自主性实验课程内容一览表

方向	小班主题	中班主题	大班主题
小能手 会生活	与"米"有约 我是小管家 "垃圾分类"我知道 小盥洗，大奥秘 玩面乐无穷	"垃圾分类"我能行 我是"节粮小天使" 我的床铺我做主 萝卜的秘密 "豆"来逗趣 奇思妙"箱"	小小园丁 环保小卫士 自主进餐 面粉的秘密 小鬼当家 我要上小学啦
小灵童 爱学习	圆圆的世界 你好，橘子 银杏树下 水果种子知多少 初遇紫藤	井盖的秘密 橘子朋友 菌菇成长记 "漫森活"春趣 嗨！蒲公英 迎"篮"而上	探秘橘子 萝卜生长记 亲近自然，"莓"好生活 阳光"蒲"照，"英"为有你 蓝"篮"的梦想
小行者 走天下	走进小公园 小脚丫旅行记 梅雨天 我的蒲公英之旅	寻味·桂花香 走在幼儿园 幼儿园的树 遇见紫藤 遇见芦苇 家乡的桥	走遍幼儿园 快乐出行 紫藤花下 走进菜市场
小伙伴 乐交往	玩具大家玩 小蓝和小黄 小兔，你好呀！	规则的秘密 中国年 我的蚯蚓朋友	"漫森活"之生日会 爱心天使屋 小鸡"蛋"生记

续表

方向	小班主题	中班主题	大班主题
小伙伴 乐交往	我爱你 蜗牛奇遇记	贡湖湾帐篷节	蚂蚁，你好 朋友常联系

【课程实施】

一、深入分析课程主题，明晰各年龄段总体要求

"完整儿童"是儿童发展的一种理念，也是我园教育的价值追求。在"完整儿童"教育的理念下，我们将儿童的社会、情感、身体、智力和道德等方面的教育和体、智、德、美、劳发展相互联系、相互融合，以期培养"健康、聪慧、明礼、乐群"全面发展的儿童。

为了更深入地突出课程主题，我们经过深入地讨论、分析，明晰了对各年龄段幼儿的总体要求，为课程的顺利实施提供整体思路。具体要求见下表。

总体要求 年龄段	健康	聪慧	明礼	乐群
小班	活泼快乐	善于发现	学会关心	主动热情
中班	自信大方	大胆探索	自律悦纳	礼貌交往
大班	勇敢自主	乐于表达	分享合作	友好相处

二、通过丰富的活动形式，提高幼儿参与的积极性

园本课程的实施坚持活动化，通过丰富的活动形式，让幼儿在多维互动中体验、感受，实现幼儿各方面的发展。

1. 生活活动

让幼儿在真实的生活情境中，培养初步的自理能力和良好的生活习惯，在安全、愉快、健康的生活环境中成长。如渗透生活自理、文明交往、自我保护、环境卫生、生活规则等内容，为幼儿的后续生活奠定基础。

2. 运动活动

运动活动旨在提高幼儿的身体素质、动作协调能力、环境适应能力以及自我保护能力，为幼儿的健康体质奠定基础。例如：有机渗透徒手操、律动、体育游戏、器械运动、利用自然资源运动等。

3. 游戏活动

游戏活动旨在满足幼儿自主、自发性活动的需要，发展幼儿的想象力、创造力和交往合作能力，促进幼儿情感、个性健康地发展，包括：角色游戏、结构游戏、表演游戏等自主游戏；科学区、美工区、益智区等学习性区域游戏；创意吧、科探室、绘本馆等专用室游戏；漫漫丛林、紫藤游趣园、沙水嬉戏园、轱辘轱辘街等户外自主游戏等。

4. 学习活动

学习活动主要以主题形式推进，以各类区域活动辅助，通过集体活动、小组活动和个别化活动形式兼顾的教与学，旨在激发幼儿主动探索、积极体验，促使幼儿在认知态度和认知能力等方面不断进步，为幼儿的后续学习奠定基础。

除上述几项活动形式以外，我们还会举办亲子活动、节日活动、走进社区等专项性活动。通过多样的活动形式，不断提升幼儿参与活动的积极性、自主性，从而提高幼儿各方面能力。

三、关注教师专业成长，提高教师专业素质

在课程实施中，我们关注教师的专业成长，不定期开展专业培训，发挥骨干教师的榜样作用，通过集体研讨与学习，提高教师的专业素养。我们要求教师养成撰写教育笔记的习惯，把点滴的所思所想记录在案，这些可以作为教研研讨的话题切入，大家各抒己见，互相表达观点，促使教育方法更加完善、科学。我们要求教师关注幼儿的现实生活，追随幼儿的经验和兴趣，尊重幼儿发展的个体差异，提炼契合幼儿个体学习需要的指导策略，形成更能满足幼儿个体学习需要的内容和实施途径，支持和引导每个幼儿在原有水平上向更高水平

发展。

我们还成立园本课程建设核心小组，建立学习共同体，开展自主与互动等多方式的学习。一是讨论生活、游戏、运动、学习等各类别活动的价值意义、组织特点、互动特点、支持策略等。二是幼儿学习方式的研究，鼓励教师通过行动研究探求课程主题和探究实施过程中的各类问题，在真实的幼儿活动现场组织研讨。三是对主题活动进行发展线索梳理，区分小中大班幼儿经验之间的阶段性和连续性，使主题活动更加顺应幼儿经验的发展趋势。

四、整合资源，助力园本课程资源包建设

我园园内外的自然、社会资源丰富，我们不断拓展学习空间，改造优化环境，丰富游戏材料，让幼儿联结生活、联结自然、联结社会，师幼共建开放、自主、立体、多元的游戏场和学习场。同时通过多元化的活动形式，增强幼儿与各类人员之间的互动，帮助教师、家长、社会人群和幼儿共同成为课程资源的开发者。

在课程实施中，我们根据课程的发展需要，组织年级组各班负责人参与收集整理课程资料，形成包含电子稿材料和实物材料两部分的课程资源包。这些资源包在下次实施前，让教师在自己理解的基础上进行适当修改，使之更加完善、合理。通过这种方法，园本课程资源包被不断丰富、优化，让每一届教师积累的经验材料都得以传承和分享，为他人提供参考借鉴价值，又避免了资源浪费，促使资源包价值最大化。

【课程评价】

我们成立了课程研究小组定期例会，围绕当前阶段课程实施关键点和项目组实施情况展开研讨与评价。实行每月幼儿园课程实施常规调研，确保每次常规调研有主题、定时间、定人员，有方案、有过程、有结果、有评议、有反馈。我们建立了由教工、家长、社区、专家组成的监督小组，重视多方面的反馈评价，每学期后期开展家长对幼儿园工作、教师工作要求的问卷调查，各部门收集相关的问题，并根据实际情况及时加以调整，以保证课程计划的有效改进和落实。而在评价内容上，我们主要分为对幼儿发展的评价、教师发展的评价、课程实施的评价。具体措施见下表。

内容	评价要点	具体措施
对幼儿发展的评价	从课程实施效果和教师根据本班幼儿阶段目标的实现，以及幼儿在活动过程中的表现进行评价。	利用一对一倾听、观察记录、学习故事、哇时刻、教学随笔、"一起长大在园动态""一起长大观察评价""评比栏"等形式进行动态的记录、分析和评价；结合《指南》标准对幼儿进行阶段评价；利用常规调研进行专项评价。
对教师发展的评价	从教育环境的创设、教育教学活动的设计与组织、各类活动中的师幼互动、活动后的反思分析以及教师自主发展等方面进行自评、互评和园评。	依据各类计划的制订、教育笔记的记录、日常教育的随机检查、每学期的听评课情况、培训及教研活动的参与、教师成长册的丰富以及常规调研等，由园部、级部、教研组、资源部、后勤保健部一起参与评估。
对课程实施的评价	学习活动评价 游戏活动评价 生活活动评价 运动活动评价	教师日常活动中对照自评，不断改进保教行为；管理者日常观摩教师各类活动后进行质量评估；各类交流、研讨活动中文档资源被使用情况的评价。
	师德及保教工作质量调查（家长问卷）	在全园家长中开展对教师课程实施等方面的评价，收集来自家庭的评价信息，不断改进班级保教质量。

江苏省无锡市华庄中心幼儿园　孟志敏　陆静华